CB129339

HELENA P. BLAVATSKY

e a Sociedade para Pesquisas Psíquicas

Retratação a Blavatsky sobre as Cartas dos Mahatmas

HELENA P. BLAVATSKY

e a Sociedade para Pesquisas Psíquicas

Retratação a Blavatsky sobre as Cartas dos Mahatmas

Um Exame do Relatório Hodgson de 1885

por

Vernon Harrison, Ph.D.

Membro da SPP - Sociedade para Pesquisas Psíquicas
Londres, Inglaterra

The Theosophical Publishing House
Adyar, Madras, 600 020, Índia

Direitos Reservados à
EDITORA TEOSÓFICA
Sig Sul Qd. 06 Lt. 1.235
70.610-460 – Brasília-DF – Brasil
Tel.: (61) 3322.7843
E-mail: editorateosofica@editorateosofica.com.br
Site: www.editorateosofica.com.br

H 297 Harrison, V.

H. P. Blavatsky e a SPP- Sociedade para pesquisas psíquicas/ Vernon Harrison: Tradução, Raul Branco. -1.ed.- Brasília: Editora Teosófica, 2015.

Tradução de: H.P. Blavatsky and the SPR - An Examination of the Hodgson Report of 1885

ISBN: 978-85-7922-121-7

1. Parapsicologia. 2. Teosofia. 3. Ocultismo
II. Título

CDD 131

Equipe de Revisão: Ricardo Lindemann, Walter Barbosa e Zeneida Cereja da Silva
Diagramação: Reginaldo Mesquita
Capa: Marcelo Ramos
Impressão: Grafika Papel e Cores
E-mail: comercial@papelecores.com.br

Sumário

Prefácio

A possibilidade da existência de homens perfeitos ou Mahatmas altera significativamente a perspectiva e o significado da existência humana, apresentando-se como poderosa evidência de uma lei de evolução espiritual, como sustentam as primeiras frases de C.W. Leadbeater em sua clássica obra sobre este tema, a saber, *Os Mestres e a Senda* (Ed.Teosófica): "Dos novos fatos expostos pela Teosofia, um dos mais importantes é o da existência de Homens Perfeitos. Deriva logicamente dos outros grandes ensinamentos teosóficos do *karma* e da evolução através de reencarnações." (*Op. cit.*, p. 15)

A própria Sra. Helena P. Blavatsky (HPB) [1831 – 1891], uma das fundadoras da Sociedade Teosófica (ST), dedicou um capítulo sobre eles chamado "Os 'Mahatmas Teosóficos'" em sua obra *A Chave para a Teosofia* (Ed. Teosófica), cuja leitura também recomendamos, onde afirma: "Em primeiro lugar, eles são homens vivos, nascidos da mesma forma que nós, e condenados a morrer como todos os outros mortais [...] Os poderes que eles exercem são simplesmente o desenvolvimento de potencialidades que estão latentes em todos os homens e mulheres, e cuja existência até mesmo a ciência oficial começa a reconhecer." (*Op. cit.*, p. 246 – 248)

De fato, a Parapsicologia Moderna tem estudado os *siddhis* ou poderes psíquicos, particularmente os de Percepção Extrassensorial (PES), mas o leitor interessado poderá encontrar sua listagem clássica feita há milênios por Patañjali nos *Yoga-Sūtras*, que são amplamente enumerados e sistematicamente comentados pelo Dr. I.K. Taimni em *A Ciência do Yoga* (Ed. Teosófica).

A presente obra é essencialmente um relatório do Dr. Vernon Harrison, publicado originalmente em 1997, que se constitui numa histórica retratação da Sociedade para Pesquisas Psíquicas (SPP) de Londres sobre os fenômenos psíquicos de HPB. Dessa forma, o relatório Harrison foi publicado praticamente um século depois do relatório anterior, também da SPP, de autoria de Richard Hodgson, que, em 1885, acusava HPB de fraude, particularmente com relação à autenticidade das cartas dos Mahatmas, produzidas entre 1870 e 1900. A Editora Teosófica traduziu e publicou tais cartas em português em três volumes, a saber: *Cartas dos Mahatmas para A.P. Sinnett* ([CMAPS], em dois volumes, cujos originais se encontravam no Museu Britânico e atualmente na Biblioteca Britânica em Londres, Reino Unido) e *Cartas dos Mestres de Sabedoria,* compiladas por C. Jinarajadasa ([CMS], cujos originais se encontram na Sede Internacional da Sociedade Teosófica em Adyar, Chennai [Madras], Índia).

Embora vários fenômenos psíquicos tenham ocorrido, passados mais de cem anos, não há mais testemunhas vivas, e por isso sobre eles Harrison declara não ter "condições para expressar uma opinião a respeito" (p. 109)[41], mas, "tendo estudado os métodos de Hodgson, passei a não confiar em seu relato." (p.110)[42] Portanto, Harrison faz a retratação da SSP, que havia sido recém-fundada em 1882, ao declarar que o Relatório Hogson que acusa Blavatsky, intitulado o "'Relatório do Comitê Nomeado para Investigar Fenômenos em Conexão com a Sociedade Teosófica', publicado em 1885 pela Sociedade para Pesquisas Psíquicas, deveria ser usado com muita cautela, se não totalmente desconsiderado. Ele está eivado de falhas." (p. 110)[43]

Coerentemente, Harrison evita posicionar-se quanto à polêmica discussão das múltiplas personalidades na psicologia contemporânea e sua possível correlação com fenômenos parapsicológicos de psicografia e similares, uma vez que declarou não ter "condições para expressar uma opinião a respeito" (p. 109)[41] sobre os referidos fenômenos, mas parece ter se posicionado com relação à legislação vigente no Reino Unido, quando afirma em seu Depoimento Juramentado:

"Se qualquer um dos manuscritos de'K.H.'e'M.' vieram das mãos de Helena Blavatsky, enquanto ela estava num estado de transe, sonho, personalidade múltipla ou outros estados de consciência alterados conhecidos dos psicólogos e psiquiatras, 'K.H.' e 'M.' poderiam ser considerados subpersonalidades de Helena Blavatsky. Até que ponto as supostas subpersonalidades são independentes é um assunto para debate; mas em nenhuma hipótese estaria envolvida fraude ou impostura consciente. Tampouco esta suposição evita a dificuldade da existência de cartas de 'K.H.' que até mesmo Richard Hodgson teve que admitir que Helena Blavatsky não poderia ter escrito, pois ela estava muito longe naquele período e as comunicações eram precárias." (afirmação n. 9, pp. 5a-6a, no final do livro)

Na verdade, a grande maioria das cartas foi precipitada, e não manuscrita por H.P.B., algo semelhante a um fenômeno parapsicológico de materialização somente da tinta sobre o papel, ou seja, não foi psicografada, o que afasta a tese das cartas serem escritas pelas subpersonalidades durante algum tipo de transe, segundo define a própria Enciclopédia Teosófica [Theosophical Encyclopedia. Quezon City, Theosophical Publishing House (TPH), 2006]:

"Precipitação: O processo de impressão sobre papel das imagens mentais de um escritor ao invés de escrevê-las com a mão. [...] Cartas precipitadas parecem ter a curiosa qualidade do texto ser composto de linhas diagonais [as misteriosas estrias relatadas por Harrison, vide opinião n. 6 (p. 108)][40], incluindo sublinhados, algo que canetas e lápis não conseguem produzir. Para uma discussão detalhada sobre este tema recomenda-se *The Mahatmas and Their Letters* de autoria de Geoffrey Barborka. (Adyar, TPH, 1973)" (*Op. Cit.*, p. 505) Harrison assim se refere às estrias de tinta: "Chamo atenção para características curiosas e inexplicadas das cartas de K.H., ou seja, as estrias claras e regulares de alguns escritos aparentemente feitos com lápis azul (Fig. 11)." (vide opinião n°. 61, p. 108)

Creio que devo acrescentar meu testemunho pessoal, quando tive em mãos os originais das cartas dos Mahatmas ainda no Museu Britânico em 1990, de que a tinta apresenta curiosas estrias milimétricas e rigorosamente paralelas, não afetadas pela direção aleatória das fibras do papel de arroz, que eram claramente visíveis, mesmo sem microscópio, mas além disso tive a forte impressão de que a tinta estava localizada somente no interior ou "miolo" do papel sem ter tingido seu verso nem o anverso, como se realmente tivesse sido materializada diretamente no interior do papel sem ter sido escrita sobre ele, embora eu nada possa afirmar sobre o processo de laminação que as cartas teriam sofrido no Museu Britânico, conforme também menciona o autor: "Os documentos que parecem ter sido escritos com tinta preta são igualmente fascinantes. As marcas escuras parecem estar dentro do papel e não na superfície. É difícil termos certeza disso agora, porque as cartas encadernadas foram laminadas em tecido de arquivo para preservá-las. Temos, portanto, que distinguir entre as fibras do tecido protetor e as fibras do papel das cartas."(p. 42)[16]

Harrison comenta, por outro lado, que a existência material das cartas ainda permite a sua inspeção. "Essas cartas constituem-se Evidência Primária" (p. xvi)[1], e assim as cartas constituem-se para o leitor num importante indício relativo à existência dos Mahatmas. Ele ainda menciona que: "Tendo lido as Cartas dos Mahatmas, fiquei com a forte impressão de que os escritores 'K.H.' e 'M.' eram seres humanos reais e distintos[...] (p. 3a-4a, final do livro)[43] "Eles têm sua cota de preconceitos e são influenciados pelo ponto de vista de sua época."(p. 4a, final do livro)[45] Tal afirmativa de Harrison é uma opinião em favor da existência real dos Mahatmas, ainda que ele não mencione exatamente a quais preconceitos de época pretendia se referir, o que deixa a sua opinião na esfera da subjetividade e dificulta qualquer comentário a respeito. Leadbeater, em sua obra *Os Mestres e a Senda*, já citada anteriormente, também enfatiza que os Mahatmas têm personalidades independentes com diferenças de raios e/ou traços de temperamentos e linhas de atividade, mas talvez seja oportuno citar que os próprios Mahatmas têm sua percepção de limites, como se encontra, por exemplo, numa carta do Mahatma K.H.: "Não somos infalíveis Mahatmas capazes de tudo prever a qualquer hora do dia. [...] Um Adepto [da Ciência Oculta] – tanto o mais quanto o menos elevado – é um Adepto somente durante o exercício de seus poderes ocultos. Sempre que esses poderes são necessários, a vontade soberana abre a porta para o homem interno (o Adepto), que pode emergir e agir livremente, mas sob a condição de que seu carcereiro – o homem externo – esteja completa ou parcialmente paralisado, conforme o caso requeira; [...] Quando o homem interno descansa, o Adepto torna-se um homem comum, limitado aos sentidos físicos e às funções de seu cérebro físico. O hábito aguça a intuição deste último, contudo, é incapaz de torná-lo supersensitivo. O Adepto interno está sempre pronto, sempre alerta, e isso é suficiente para nossos propósitos." (CMAPS *apud* CODD, C. *Teosofia como os Mestres a Veem*. Brasília, Teosófica, 2011. p. 13-14)

Sobre a caligrafia da Carta de 1900, parece oportuno citar o Comentário de C. Jinarajadasa: "Há um grande mistério, ainda não esclarecido, quanto ao uso de várias letras pelos Mestres e seus discípulos. Nem todas as cartas foram precipitadas pelos Mestres, como H.P.B. claramente explicou. Algumas eram precipitadas por Chelas [discípulos], sob instruções gerais dos Mestres. Alguns Mestres conheciam idiomas europeus; outros não conheciam. O Mestre M., nessa época, nada sabia de inglês e quando escrevia tinha de usar a tradução de seu pensamento no cérebro de algum discípulo, como H.P.B., Coronel Olcott, e outros. Às vezes, Ele usava linguagem presente no cérebro do Mestre K.H. A carta que segue [II série nº. 27, CMS, p. 207-208], embora assinada por Ele [Mahatma M.] , parece-me escrita por um dos discípulos." (CMS, p. 206) Por outro lado, o simples fato de Annie Besant, ao ter aberto a respectiva carta, ter encontrado "mais texto acrescido" (no rodapé do anverso, em todo o verso e no lado interno do respectivo envelope depois de selado pelos correios) do que o remetente, Sr. B.W. Mantri, havia escrito em 22 de agosto de 1900, já é por si mesmo surpreendente. Parece pertinente considerar que tal mencionado texto acrescido por precipitação assinada pelo Mahatma K.H. (vide CMS, carta 46 da I série, p. 106 – 107) não é de meros elogios (como se pode ver mais particularmente na versão completa *The Eclectic Theosophist* n°. 101 Sep./Oct. 1987 e *Theosophical Network* n°. 6, 1987, p. 8), mas até algo crítico ao trabalho da Dra. Besant, como frequentemente ocorre nas cartas que os Mestres escrevem aos seus discípulos.

Contudo, talvez o mais desconcertante neste tema, particularmente para a mentalidade da cultura ocidental, é que os próprios Mahatmas não desejam que sua existência seja inequivocamente comprovada, como afirma e justifica o Mestre K.H. já na primeira das *Cartas dos Mahatmas para A. P. Sinnett* de 17/10/1880, cuja leitura completa deve-se recomendar: "... a única salvação para os verdadeiros conhecedores das ciências ocultas é o ceticismo do público; os charlatões e os prestidigitadores são os escudos naturais dos 'adeptos'. A segurança pública só é mantida porque mantemos secretas as terríveis armas que poderiam ser usadas contra ela, e que, como já foi dito a você, seriam mortais nas mãos dos perversos e dos egoístas." (*Op. Cit.*, v. 1, p. 40)

Sobre este tema do contato direto com os Mahatmas, Dr. Taimni explica sobre os possíveis efeitos colaterais e dá um interessante conselho prático em seu livro *Autorrealização pelo Amor* (Brasília, Teosófica, 2011), cuja leitura se recomenda: "As vibrações mais sutis que emanam dos seus veículos [corpos dos Mahatmas] e as forças espirituais que estão constantemente fluindo através deles dos planos mais elevados purificam e sintonizam aqueles que entram em contato com Eles, erguendo-os gradualmente a um nível mais elevado do ser. Mas somente aqueles que são suficientemente puros e qualificados para suportar o impacto dessas forças podem auferir benefícios de tal contato íntimo, pois ele faz brotar não somente o melhor que há no indivíduo, mas também suas fraquezas ocultas. Assim, o melhor que o aspirante tem a fazer é não ansiar por um contato pessoal com Eles, nem vagar de *ashrama* [tipo de monastério oriental] em *ashrama* à sua procura, mas tentar estabelecer contato com a Vida Divina oculta em seu próprio coração. Isso não somente é mais exequível, como também é a maneira mais eficiente de entrar em contato com todos os Grandes Seres cuja consciência está permanentemente estabelecida na Consciência Divina." (*Op. Cit.*, p. 64) Similarmente, diz a tradição esotérica que quando o discípulo está pronto, o Mestre aparece.

Como se encontra em *Aos Pés do Mestre*, cabe, pois, a cada um "... tentar averiguar a Sua [do Mahatma] existência e confiar n'Ele, porque, se não o fizeres, nem mesmo Ele poderá ajudar-te. A não ser que haja perfeita confiança, não poderá haver perfeita efusão de amor e poder." (*Op. Cit.*, p. 75, § 48)

Parece importante enfatizar que o grande mérito do Dr. Vernon Harrison dificilmente poderia ser superestimado ao fazer uma corajosa retratação da SPP em relação ao antigo Relatório Hodgson de 1885, que então nem sequer havia levado as Cartas dos Mahatmas ao microscópio, mas acusara sumariamente a Sra. Helena Blavatsky de fraude. Ainda não se tem evidente noção da repercussão nacional e internacional desta retratação, porém, como ele bem considera, passados mais de cem anos, "o estrago causado [ao nome de H. P. Blavatsky] não se deve ao que foi dito, mas ao que não foi dito." (p. xv), e acrescentou: "Peço desculpas a ela por termos levado cem anos para demonstrar que ela escreveu a verdade." (p. 44)

Além disso, registre-se a recomendação de que todas as enciclopédias impressas, ou na internet, deveriam tomar em consideração esta retratação e atualizar as referências à Sra. Blavatsky, retirando quaisquer menções históricas de suposta fraude que não sejam atualizadas também com a devida menção desta retratação, pois é nosso dever moral fazer uma valente defesa daqueles que são injustamente atacados.

Brasília, 12 de agosto de 2015.
+ Ricardo Lindemann
Diretor da Editora Teosófica
Diretor Cultural e de Estudos
Sociedade Teosófica no Brasil

Sobre este Livro

> Blavatsky, Helena Petrovna, nascida Helena Petrovna Hahn, 1831 – 1891, teosofista russa. Ela ... fundou a Sociedade Teosófica em Nova Iorque (em 1875). Suas demonstrações de fenômenos supernormais foram declaradas fraudulentas pela Sociedade para Pesquisas Psíquicas de Londres (1885).
>
> *Reader's Digest Universal Dictionary,*
> *Reimpresso com correções, 1994*

Essa declaração, típica de muitas outras, é fatualmente correta – no seu sentido literal. O estrago causado não se deve ao que foi dito, mas ao que não foi dito. Como disse Patience Worth apropriadamente:

A meia-verdade é irmã da mentira.

O "Relatório do Comitê Nomeado para Investigar os Fenômenos Relacionados à Sociedade Teosófica" apareceu em 1885 na *Ata da Sociedade para Pesquisas Psíquicas* (SPP), vol. 3 (dezembro de 1885), p. 201-400. É geralmente chamado de Relatório Hodgson, já que a maior parte dele foi escrita por R. Hodgson; mas suas opiniões foram endossadas por E. Gurney, F.W.H. Myers, F. Podmore, H. Sidgwick, Mrs. Sidgwick e J.H. Stack. Ele qualificou a senhora H.P. Blavatsky, fundadora da Sociedade Teosófica, de "uma das mais bem-sucedidas, hábeis e interessantes impostoras na história." Esta visão é ainda amplamente aceita, apesar de ser provável que poucos jamais leram o Relatório Hodgson de forma crítica e detalhada, e menos ainda procuraram checar suas conclusões. Entre muitas acusações, o Relatório Hodgson alega que a própria senhora Blavatsky escreveu, de forma disfarçada, certas cartas geralmente chamadas de Cartas dos Mahatmas, e que ela estava engajada em falsificação e fraudes numa escala impressionante.

Apesar de boa parte da evidência relacionada a este caso ter sido perdida e todas as testemunhas estarem mortas há muito tempo, muitas das Cartas dos Mahatmas a A. P. Sinnett estão preservadas na Biblioteca Britânica, onde estão disponíveis para inspeção. *Essas cartas constituem-se Evidência Primária.*[1] Um estudo desses originais, suplementado por um exame detalhado de um conjunto autêntico de 1.323 *slides* coloridos, preparado a partir dos originais e suprido pela Biblioteca Britânica, mostrou que existem sérias falhas nos métodos, nas observações, nos raciocínios e nas conclusões de Hodgson.

Este livro está dividido em duas partes. A Parte 1 reproduz meu trabalho anterior intitulado "J'Accuse," publicado no *Journal of the Society for Psychical Research,* vol. 53, no. 803 (abril de 1986), p. 286-310, acrescido de umas poucas notas de rodapé para facilitar o entendimento. Este é, em sua maior parte, um estudo do próprio Relatório Hodgson, suplementado por um detalhado estudo das Cartas dos Mahatmas de acordo com as visitas permitidas pelo tempo e oportunidade à Biblioteca Britânica. Ele é reproduzido aqui, porque o *Journal of the Society for Psychical Research* não circula amplamente fora da SPP (Sociedade para Pesquisas Psíquicas) e algumas bibliotecas.

---

[1] Vide Prefácio.

A Parte 2 descreve o trabalho efetuado depois de 1986 e registra os resultados de um exame microscópico, linha por linha, das 1.323 *slides* coloridos do conjunto da Biblioteca Britânica. Várias páginas desses documentos são reproduzidas neste livro. Hodgson não ofereceu absolutamente nenhuma ilustração das supostas cartas incriminadoras de Blavatsky-Coulomb, sobre as quais ele fez muito estardalhaço; e as únicas ilustrações das Cartas dos Mahatmas dadas em seu Relatório são fragmentos, geralmente caracteres isolados fora de seu contexto e de documentos que, em sua maior parte, não podem ser identificados nem especificamente datados.

Em "J'Accuse", escrevi: "enquanto Hodgson estava preparado para usar qualquer evidência, não importa quão trivial ou questionável, para implicar H. P. B., ele ignorava toda evidência que poderia ser usada em favor dela. Seu relatório está eivado de declarações tendenciosas, conjecturas apresentadas como fatos ou fatos prováveis, testemunho não corroborado de testemunhas sem nome, seleção de evidências e evidentes falsificações." Se isso parece uma hipérbole, respondo que agora que tive a oportunidade de reler o Relatório Hodgson à luz da evidência concreta que ainda se encontra à nossa disposição (i.e., as Cartas dos Mahatmas na Biblioteca Britânica), o Relatório Hodgson é ainda pior do que eu pensava. O Relatório Hodgson não é, como se acreditava amplamente por mais de um século, um modelo do que uma pesquisa imparcial e meticulosa deveria ser: ele é o trabalho de um homem que havia pesquisado suas conclusões no início de seu estudo e, a partir daí, selecionando e distorcendo evidência, não hesitou em adotar argumentos inválidos para apoiar sua tese.

Minhas conclusões deste exame são:

Primeiro: O Relatório Hodgson não é um estudo científico. Ele é mais parecido com a apresentação do advogado da promotoria que só está interessado na evidência, ainda que dúbia, que possa ser utilizada para dar suporte ao seu ponto de vista. Hodgson mostra que ele era ignorante ou desdenhoso dos princípios básicos da justiça inglesa – e o resto do comitê não parece ser melhor. Como disse, ele cita declarações verbais não corroboradas de testemunhas sem nome; ele cita documentos que não são reproduzidos em seu relatório nem são identificáveis; ele apresenta conjectura como sendo fato estabelecido; e ele faz com que seus técnicos em grafologia mudem de opinião até lhe darem as respostas que ele quer. A possibilidade de que alguém que não seja H. P. B. possa ter escrito as Cartas dos Mahatmas nunca foi considerada. Esta lista de delitos por si só tornaria o Relatório Hodgson inadmissível num tribunal de justiça.

SEGUNDO: Nos casos em que foi possível conferir as declarações de Hodgson à luz do testemunho direto das Cartas preservadas na Biblioteca Britânica, verificamos que suas afirmações são ou falsas ou sem significado no contexto. Ele faz três afirmações principais que servem como sustentáculo para toda sua alegação que a Sra. Blavatsky escreveu as Cartas dos Mahatmas com a intenção de enganar. Essas afirmações são resumidas a seguir:

(i) Que existem claros sinais de desenvolvimento na caligrafia de K.H.[2], em que diversas semelhanças marcantes com a caligrafia comum da Sra. Blavatsky foram sendo gradualmente eliminadas;
(ii) Que formas especiais de letras características da caligrafia ordinária da Sra. Blavatsky, e não características da escrita de K.H., ocasionalmente aparecem nessa última;

[2] O autor está se referindo ao Mestre Koot Hoomi, autor da maioria das Cartas dos Mahatmas. (N.T.)

(iii) Que existem certas peculiaridades muito marcantes da caligrafia ordinária da Sra. Blavatsky que aparecem ao longo dos escritos de K.H.

As duas primeiras afirmações são comprovadamente falsas; a terceira poderia ser aplicada a muitos outros escritores e não especifica H.P.B. como a escritora, em detrimento de todos os outros possíveis escritores. Essas falsidades claras juntamente com os erros de procedimento, tornam impossível para mim aceitar como uma justa e imparcial declaração, de fato, aquelas partes do Relatório Hodgson que posso verificar a partir da evidência primária. Sendo assim, talvez possa ser perdoado por considerar com suspeita o resto do Relatório Hodgson para o qual a evidência de primeira mão não está mais disponível.

TERCEIRO: As grafias de K.H. e M.[3] levantam questões não respondidas sobre se as cartas foram escritas com caneta e tinta (ou com lápis azul) em papel da forma ordinária. Essas questões estão relacionadas com:

(iv) As estrias extraordinárias, efetuadas com precisão de engenharia, em algumas Cartas aparentemente escritas com lápis azul;

(v) A pequena quantidade de penetração de tinta mesmo com o papel mais fino;

(vi) Correções que parecem ter sido feitas com removedor de tinta, mas que não deixaram mancha nem aspereza no papel;

(vii) As distorções em algumas páginas da caligrafia que

[3] M. é a inicial do nome do Mestre Morya, o outro Mahatma cuja correspondência com Sinnett constitui o restante do material incluído nas Cartas dos Mahatmas referidas pelo autor. (N.T.)

> fora isto guardam todas as marcas da genuína caligrafia de K.H. Dessas, as mais conspícuas são as barras dos *ts* que se encontram em algumas das últimas Cartas de K.H.

Todos esses pontos sugerem que as Cartas que temos são cópias feitas por algum processo desconhecido, e não documentos originais, mas somente uma pesquisa de laboratório pode dar uma resposta. Venho procurando há muito tempo fazer alguns testes não destrutivos de laboratório, mas sem sucesso; temo que não seja provável uma permissão para se fazer esse tipo de trabalho.

Finalmente: Não encontrei *nenhuma evidência de origem comum* nas letras de K.H. e de M. e a letra ordinária de H.P.B., na caligrafia conscientemente feita. Quero dizer com isso que não encontro nenhuma evidência que as Cartas dos Mahatmas foram escritas pela Sra. Blavatsky numa forma dissimulada de sua caligrafia ordinária, efetuada com propósito de fraude. O que pode ter ocorrido por meio de sua mão quando em transe, deslocamento ou outras formas de consciência alterada é outra questão; mas a caligrafia efetuada dessa forma não pode ser classificada como fraude nem impostura.

Quando existe evidência insuficiente num sentido legal, um caso deve ser abandonado; porque na lei inglesa uma pessoa é inocente até que seja provada culpada. Um veredicto de "não provado" não é permitido. Lembremo-nos de que a acusação feita contra H.P.B. por Hodgson foi a de que ela era uma impostora consumada e fraudulenta, ainda que comum.

Eu preparei este trabalho impelido por forte sentimento da necessidade de Justiça. Esse é um conceito que parece estar fora do alcance de alguns pesquisadores psíquicos e parapsicólogos.

As pessoas com dons mediúnicos não são simplesmente objetos que podem ser usados para "experiências." O dano irreparável que pode ser feito em suas vidas por um julgamento errôneo ou apressado deve ser sempre considerado.

No exercício de meu trabalho profissional sou chamado com frequência para aconselhar na defesa de pessoas de caráter dúbio, algumas das quais podem ter cumprido sentenças na prisão. O fato de que elas tenham um "passado" não significa que elas podem, *ipso facto*, ser condenadas de cada uma de todas as acusações que possam ser feitas contra elas. Elas não podem ser condenadas "por suspeita." Cada sentença deve ser baseada na evidência disponível pertencendo àquele caso e não em sua história anterior.

H.P. Blavatsky não era conhecida como criminosa e não havia sido alvo de nenhuma sentença de prisão. No entanto, Hodgson teve autorização para agir como Testemunha Técnica e como Promotor Público. Não houve Advogado de Defesa, nem interrogatório cruzado das testemunhas apresentadas por Hodgson, nem foram chamadas as testemunhas que ele havia rejeitado, nem houve Juiz e nem Júri. O mais vil criminoso nos tribunais pode esperar um tratamento mais justo do que jamais foi concedido à Sra. Blavatsky nas mãos da SPP; e o Relatório Hodgson teve permissão para tornar-se a mais sagrada de todas as vacas sagradas da SPP, como vim a descobrir.

Filiei-me à SPP em 1937 e permaneci como membro desde então. Isso deve tornar-me um dos mais antigos membros da Sociedade. Nos últimos anos venho contribuindo regularmente para o *Journal* da Sociedade e para um volume da Ata anual (*Proceedings*). Filiei-me à SPP quando jovem na esperança de que com isso conseguiria responder àqueles antigos problemas: De Onde, Para Onde e Porquê. Vim a compartilhar a experiência de Omar Khayyán, como relatada nas famosas linhas de

Fitzgerald:

> Quando jovem frequentei ansiosamente
> O Médico e o Santo, e ouvi grandes Argumentações
> A esse respeito e sobre outras coisas, mas cada vez mais
> Saí pela mesma Porta pela qual havia entrado.
> Com elas a Semente de Sabedoria consegui semear
> E com minhas próprias mãos trabalhei para que ela crescesse:
> E esta foi toda a Colheita que obtive –
>
> "Vim como Água, e como Vento eu vou."

E, no entanto, apesar de toda a aridez de tantas das publicações da SPP, a Sociedade me ofereceu quatro excelentes instrutores que grandemente influenciaram o meu desenvolvimento. Eles nunca me conheceram, mas eu me lembro deles com afeição e gratidão: C.D. Broad, H.H. Price, R.H. Thoules e G.N.M. Tyrrell.

Não sou membro da Sociedade Teosófica, ainda que possa aceitar os três princípios que nortearam sua fundação.[4] Li muito da literatura teosófica, em suas diferentes correntes, mas não sei até que ponto ela pode ser verdadeira. No entanto, descobri alguns ensinamentos teosóficos úteis para explicar fatos que de outra forma não poderia entender. Algumas ideias que assimilei incluem: a natureza setenária do homem; a diferença entre individualidade e personalidade; a persistência e reativação das cascas [*kama-manásicas*]; e *karma* e reencarnação. H.P. Blavatsky é para mim uma escritora e fonte de ideias; e ela assume seu lugar

---

[4] (1) Formar um núcleo da Fraternidade Universal da humanidade, sem distinção de raça, credo, sexo, casta ou cor; (2) Encorajar o estudo de religião comparada, filosofia e ciência; e (3) Investigar as leis não explicadas da Natureza e os poderes latentes no homem. (N.E.)

com George Berkeley, Bispo de Cloyne; Swedenborg; o discípulo irreverente de Swedenborg, William Blake; e Carl Jung.

H.P. Blavatsky escreveu: "aquele que ouve uma pessoa inocente sendo difamada, seja um irmão teosofista ou não, e não toma sua defesa como tomaria a sua própria, não é um teosofista." (*Lúcifer*, novembro de 1887). Talvez, baseado nesse critério, sou um teosofista.

O resultado da investigação atual, que se estendeu por um período de quinze anos, é agora apresentado na esperança de que futuros biógrafos da Sra. Blavatsky, os compiladores de livros de referência, enciclopédias e dicionários, bem como o público em geral, venham a entender que o Relatório Hodgson não é o modelo de investigação imparcial que tantas vezes foi reivindicado para ele ao longo do último século. Ele é falho e não confiável; e as observações e conclusões de Hodgson precisam ser tomadas com considerável cautela.

O caso de Helena Petrovna Blavatsky precisa ser reexaminado sob essa luz. Ela merece nada menos do que isso.

VERNON HARRISON
21 de março de 1997.

Agradecimento

Profundo agradecimento é feito à Sociedade para Pesquisas Psíquicas por sua permissão para reproduzir "J'Accuse" como Parte 1 do presente estudo; e à Biblioteca Britânica pela permissão para reproduzir as fotografias coloridas das Cartas dos Mahatmas (M.S.S. adicionais 45284, 45285, 45286).

As Figuras 5 e 8 foram reproduzidas com permissão de *You Are What You Write,* de Huntington Hartford, publicado por Peter Owen Limited, Londres, 1975.

Sou agradecido aos Curadores do Museu Britânico pela permissão para citar a informação suprida pelo Arquivista sobre o Sr. Richard Sims, antigo funcionário do Museu.

Agradeço ao Embaixador John S.D. Eisenhower pelo gentil empréstimo de um excelente espécime da caligrafia do falecido Presidente Eisenhower.

Recebi informação valiosa por cartas particulares de Anita Atkins, do falecido Walter A. Carrithers, Jr. e de Michael Gomes. Suas contribuições são indicadas no texto.

Michael Gomes pesquisou independentemente em busca dos originais das cartas Blavatsky-Coulomb e confirma que elas nunca foram usadas por Coues em sua defesa e que agora estão perdidas. A evidência de que aquelas cartas eram realmente falsificações – e que consequentemente o testemunho dos Coulombs era inteiramente não confiável – é agora muito forte. Hodgson aceitou o testemunho dos Coulomb quase sem questionar, e se esse testemunho for descontado, a maior parte de seu caso desmorona.

Walter Carrithers examinou em grande detalhe as declarações contraditórias feitas por Hodgson e a Sra. Coulomb com relação ao "santuário" e outros mecanismos que se alega terem sido usados na produção de fenômenos, mas eu não tentei examinar esse aspecto do caso neste trabalho.

Agradeço ao Arquivista da Sociedade Teosófica de Pasadena[5] pelo longo empréstimo do conjunto de 1.323 *slides* coloridos das Cartas dos Mahatmas publicadas originalmente por A. Trevor Barker na década de 1920, e à Theosophical University Press por realizar a publicação dos resultados de minha pesquisa.

Finalmente, mas não menos importante, serei sempre grato a Elsie, minha esposa e constante companheira de quase cinquenta anos, sem cujo apoio e compreensão é provável que estas monografias não tivessem sido escritas.

---

[5] No Estado da Califórnia, Estados Unidos. (N.T.)

PARTE 1

J'Accuse
(Eu Acuso)

Qui Volt Caedere Canem, Facile Invenit Fustem

(Quem quer bater num cão, encontra facilmente uma vara)

PARTE 1

J'Accuse[6]

Um Exame do Relatório Hodgson de 1885

Nota Editorial ao artigo de Vernon Harrison "J'Accuse"

*Em dezembro de 1885, A Sociedade para Pesquisas Psíquicas (*SPP*) publicou em sua Ata (Parte IX, p. 201-400) o* "Relatório do Comitê nomeado para Investigar Fenômenos Relacionados com a Sociedade Teosófica." *O Comitê consistiu de: E. Gurney, F. W. H. Myers, F. Podmore, H. Sidgwick, J. H. Stack, R. Hodgson e a Sra. H. Sidgwick. A maior parte dessa publicação foi o relato escrito por Richard Hodgson que, de ordem da Sociedade, tinha ido à Índia para investigação adicional das atividades da Sra. Helena Petrovna Blavatsky, cofundadora com o Col. H. S. Olcott, em 1875, da Sociedade Teosófica. À Sra. Blavatsky tinha sido atribuída uma variedade de fenômenos paranormais, mas o Comitê, em suas Conclusões, acusou-a de fraude flagrante e de ser uma impostora. Ainda que, como tem sido repetidamente indicado, a SPP não tenha opiniões corporativas, ela tem sido amplamente considerada como responsável por endossar o "Relatório Hodgson" (como passaremos a nos referir aqui ao relatório em sua totalidade) e assim sendo registrado como condenando a Sra. Blavatsky. Os membros da Sociedade Teosófica, naturalmente, ressentiram-se dessa mácula no bom nome de sua fundadora e*

[6] "J'Accuse" [Eu Acuso] – título da célebre carta aberta de Emile Zola ao Presidente da República francesa a respeito do caso Dreyfus.

contestaram repetidamente as conclusões do Relatório. Por muitos anos, Walter A. Carrithers, que não era membro da Sociedade Teosófica, mas um membro antigo da SPP e que escreveu extensamente sobre o caso, em parte publicado sob o "nom de plume" "Adlai Waterman," fez campanha para que a SPP repudiasse, publicamente, o Relatório. Em abril de 1983, o Sr. Leslie Price, um membro do Comitê da Biblioteca da SPP, deu uma palestra da SPP com o título: "A Sra. Blavatsky desvelada?" (que foi publicado no início de 1986 pelo Centro de História Teosófica) em que ele, também, criticou os métodos e argumentos de Hodgson. Nesta edição de nosso Journal, coincidindo quase exatamente com o centenário da publicação do Relatório Hodgson, estamos felizes, no interesse da verdade e da lealdade, e para dar satisfação por qualquer ofensa que possamos ter causado, publicar aqui uma tão crítica análise por um conhecido técnico em grafologia. Sua perícia é de relevância especial, neste caso, já que boa parte do Relatório Hodgson está relacionada com a autoria de certas cartas que Hodgson alega terem sido forjadas pela própria Sra. Blavatsky. O Dr. Vernon Harrison, ex-Presidente da Sociedade Real de Fotografia, foi, por dez anos, Gerente de Pesquisa da Thomas De La Rue, impressores de notas bancárias, passaportes e selos, etc., portanto provavelmente não existe muita coisa que ele não conheça sobre falsificações. Ele não é um membro da Sociedade Teosófica, mas um membro antigo da SPP. Quer os leitores concordem com suas conclusões ou discordem delas, estamos felizes em oferecer a ele a hospitalidade de nossas colunas e esperamos que, a partir de agora, teosofistas e, na verdade, todos que se interessam pela reputação de Helena Petrovna Blavatsky passem a nos considerar sob um prisma mais favorável. – O EDITOR (John Beloff, Ph.D.)

O "Relatório do Comitê Nomeado Para Investigar Fenômenos Relacionados com a Sociedade Teosófica" (geralmente chamado de Relatório Hodgson) é o mais célebre e controvertido de todos os relatórios publicados pela Sociedade para Pesquisas Psíquicas. Ele faz um julgamento sobre a Sra. H. P. Blavatsky, a fundadora da Sociedade Teosófica; e a sentença final na "Declaração e Conclusões do Comitê" tem sido citada em livro após livro, enciclopédia após enciclopédia, sem o menor indício de que ela possa estar errada. Ela declara:

> De nossa parte, não a consideramos nem como a porta-voz de videntes ocultos, nem como uma mera aventureira vulgar; pensamos que ela conseguiu um título para a lembrança permanente como uma das impostoras mais realizadas, hábeis e interessantes na história. (p. 207)

Por muitos anos, Hodgson vem sendo apresentado como um exemplo de um perfeito pesquisador psíquico, e seu relatório um modelo do que um relatório sobre pesquisa psíquica deveria ser.

Demonstrarei que, ao contrário, o Relatório Hodgson é um documento altamente partidário, perdendo direito a qualquer reivindicação de imparcialidade científica. Ele é a apresentação de um Promotor que não hesita em selecionar a evidência que favorece seu caso, ignorando e suprimindo tudo o que tende a contradizer sua tese. O Advogado de Defesa jamais foi ouvido.

Não faço nenhuma tentativa neste estudo de provar que a Sra. Blavatsky não era culpada das acusações feitas contra ela. Com a atual distância temporal, quando todas as testemunhas estão mortas e a maior parte da evidência tendo sido perdida ou destruída, isso seria difícil se não impossível. Tampouco tento estabelecer a autoria ou avaliar o conteúdo das *Cartas dos Mahatmas*. Fazer isso seria uma tarefa fascinante mas tremendamente difícil. Meu presente objetivo é mais limitado: demonstrar que o caso contra a Sra. Blavatsky no Relatório Hodgson NÃO FOI PROVADO – no sentido escocês.

Histórico

A disputa da Sra. Blavatsky com os pesquisadores psíquicos começou com o caso Coulomb. Esse caso foi descrito muitas vezes, de diferentes pontos de vista, e não será preciso mais do que apresentar um resumo aqui. Parece que H.P.B. e a Sra. Coulomb se encontraram pela primeira vez no Cairo, em 1871. Os Coulombs foram à falência, tiveram que partir, e apareceram em Bombaim em 1880, sem dinheiro e lugar para morar, implorando a ajuda de H.P.B. Ela ofereceu a eles abrigo e moradia, e posições de confiança. A Sra. Coulomb tornou-se a governanta da residência e seu marido passou a ser encarregado de serviços gerais.

Em 20 de fevereiro de 1884, H.P.B. e o Coronel Olcott partiram para a Europa, confiando a direção da Sociedade Teosófica a um Conselho de Controle. Em março, o Conselho julgou que os Coulombs eram culpados de considerável má administração. Eles foram despedidos em 14 de maio.

Depois disso tivemos notícia deles no *Christian College Magazine* de Madras. Seleções de cartas foram publicadas que, se fossem genuínas e interpretadas corretamente, provariam uma conspiração em trapaça entre a Sra. Blavatsky e os Coulomb. H.P.B. afirmou que as cartas foram, ao menos uma parte delas, forjadas. Além dessas, uma carta forjada, supostamente escrita pelo Dr. Hartmann à Sra. Coulomb, datada de 28 de abril de 1884, teria sido recebida pelo Coronel Olcott, segundo ele afirma, algumas semanas mais tarde num envelope endereçado numa caligrafia desconhecida e trazendo uma estampa do correio de Madras, mas o falsificador não é conhecido.

Enquanto ele esteve em Londres, o Coronel Olcott estabeleceu um contato amigável com membros da liderança da Sociedade para Pesquisas Psíquicas que estavam interessados em relatos de fenômenos produzidos por H.P.B. e, em maio de 1884, o Conselho da SPP nomeou um comitê para examinar a evidência sobre os supostos fenômenos. Os membros desse comitê eram: E. Gurney, F. W. H. Myers, F. Podmore, Henry Sidgwick e J. H. Stack – com a adição posterior da Sra. Sidgwick e de R. Hodgson. O comitê conseguiu examinar a Sra. Blavatsky, o Coronel Olcott, Mohini M. Chatterji e o Sr. Sinnett. O resultado de suas investigações foi publicado como *Primeiro Relatório do Comitê*, distribuído em 1884 somente para a informação reservada dos membros da SPP. Não tenho nada a objetar sobre aquele relatório. Parece que o exame foi efetuado de forma cortês e ao final o comitê não sabia o que pensar. Os fenômenos descritos pareciam ser tão excepcionais e fora da experiência ordinária que eles só podiam ser recebidos com forte reserva; por outro lado, o número de testemunhas e a força da apresentação era tal que a evidência não podia ser desprezada levemente. O Comitê decidiu que havia um bom caso para uma investigação mais extensa. Essa investigação adicional foi feita por Richard Hodgson durante uma visita de três meses à Índia. O relatório final do Comitê, apresentado na *Ata*, Parte IX, em dezembro de 1885, é virtualmente o relatório Hodgson, já que o resto do Comitê fez pouco mais do que endossar suas conclusões. Eles não fizeram nenhuma tentativa de corrigir erros gritantes de procedimento ou para avaliar criticamente as conclusões de Hodgson.

As Cartas Blavatsky-Coulomb

As Cartas Blavatsky-Coulomb publicadas pelo *Christian College Magazine* são de primordial importância porque, *se* forem genuínas e *se* puderem ser aceitas como são, elas provam que H.P.B. estava engajada em atividades fraudulentas; e não precisamos ir mais adiante. Parece haver somente duas possibilidades:

(a) que H.P.B. estava engajada em fraude numa escala gigantesca, envolvendo um certo número de comparsas, e tinha sido denunciada pelos Coulombs com repugnância;

(b) que os Coulombs forjaram as cartas incriminadoras para causar a queda de H.P.B.

Na consideração dessas alternativas, devem ser levados em conta os possíveis motivos dos participantes.

Se H.P.B. estivesse engajada em fraude numa vasta escala envolvendo muitos comparsas, então até mesmo Hodgson teria que admitir que nenhum dos motivos usuais para a fraude era aplicável. O melhor que ele poderia sugerir era que ela era um agente russo dedicado a "promover e fomentar o mais amplamente possível entre os nativos uma insatisfação contra o domínio inglês." Mesmo na década de 1980 quando abundavam agentes russos, essa ideia não vingaria: existem maneiras mais efetivas de promover os interesses russos no Afeganistão do que escrever *Ísis sem Véu* ou forjar as Cartas dos Mahatmas.

Por outro lado, se os Coulombs forjaram as cartas, seu motivo é claro: o primitivo e poderoso da *vingança*. Tendo sido dispensados sob uma nuvem de suspeita, eles haviam perdido casa e emprego.

O ponto que quero enfatizar é que, se a Sra. Blavatsky era

suspeita, os Coulombs também eram. O procedimento correto requereria que *as partes incriminadoras* das cartas Blavatsky-Coulomb fossem reproduzidas no relatório juntamente com espécimes reconhecidos da caligrafia da Sra. Blavatsky, do Sr. Coulomb e da Sra. Coulomb. Isso jamais foi feito; e sua omissão é inaceitável. Devemos notar também que a Sra. Coulomb era, na terminologia moderna, uma informante, e o testemunho de tal pessoa deveria ser recebido com cautela.

Agora é moralmente certo que os originais das cartas incriminadoras Blavatsky-Coulomb foram destruídos. Elas não se encontram nos arquivos do Christian College em Madras, nem tampouco nos arquivos da Sociedade Teosófica em Adyar. Sou muito grato a Anita Atkins, de Nova Iorque, pela seguinte informação:

> A última pessoa conhecida a receber as cartas H.P.B.-Coulomb foi o Professor Elliot Coues, cientista do (Instituto) Smithsonian, um ex-teosofista, que se voltou contra H.P.B. e deu uma entrevista ferozmente caluniadora de 7 colunas a respeito dela no *New York Sun* em 1890. H.P.B. moveu um processo por calúnia; a investigação do *Sun* e a de seus advogados descobriu que H.P.B. tinha sido injuriada, e estavam a ponto de pagar por danos morais, quando ela morreu. Porém, o *Sun* ainda assim se desculpou publicamente num editorial.
>
> Durante aquele período enquanto Coues estava se defendendo da ação, ele comprou as cartas dos Coulomb, por intermédio de um agente dos missionários escoceses na Índia. Tenho uma cópia fotostática do seu cheque. Ela está incluída nos arquivos de Coues da Sociedade Histórica do Estado de Wisconsin, em Madison, Wisconsin. Tenho um microfilme de todos seus escritos e documentos sobre teosofia e assuntos correlatos. As cartas dos Coulomb NÃO se encontram nos arquivos. Porém, o propósito de Coues em adquirir as cartas era para obter evidên-

> cia para sua defesa contra a ação de H.P.B., para provar que ela era uma fraude. Sua esposa era uma milionária e, consequentemente, ele tinha todos os meios profissionais a seu dispor para derrubar H.P.B., se aquelas cartas fossem genuínas.
>
> No entanto, completo silêncio – ele nunca mencionou que as tinha. Ou ele as destruiu ainda em vida, ou deixou instruções para que seu herdeiro as destruísse.

Walter A. Carrithers acrescentou o seguinte:

> Por volta de 1948 eu obtive uma cópia do Testamento do falecido Professor Coues, e passei a procurar os seus descendentes ainda vivos – vindo a descobrir que um deles, recentemente falecido, tinha queimado em sua lareira o que foi descrito como "muitas cartas" ostensivamente escritas à mão pela Sra. Blavatsky; e, por coincidência, ele morava no Estado, um pouco acima de Fresno (portanto, eu poderia ter lhe visitado facilmente e determinado o que eram aquelas cartas *antes* de sua destruição!) em Palo Alto, na Califórnia.

A evidência circunstancial de que as cartas Blavatsky-Coulomb foram determinadas depois de exame pelos Especialistas como sendo fraudes é forte.

Nenhum fac-símile de qualquer das cartas incriminadoras é apresentado no Relatório Hodgson. Seu autor explica que ele havia enviado uma seleção (ou seja, *sua* seleção) das cartas a F. G. Netherclift para uma opinião técnica, mas descobriu, ao retornar à Inglaterra, que as cartas já haviam sido enviadas de volta a Madras, de forma que ele não pôde fazer cópias delas. Essa desculpa é inaceitável. As cartas eram uma parte vital da evidência. A fotografia já estava bem avançada em 1884. Havia bons fotógrafos profissionais atuando na área de Madras que poderiam ter feito cópias precisas e permanentes desses importantes documentos. A caligrafia dos Coulombs nunca foi examinada por Netherclift ou por qualquer outra pessoa competente.

Hodgson trata toda essa questão de forma muito trivial e diz:

> Não proponho entrar em detalhes na descrição das semelhanças entre a caligrafia indubitável da senhora Blavatsky e a caligrafia das cartas Blavatsky-Coulomb. Essas cartas, antes de publicadas no *Christian College Magazine*, foram, como eu disse, submetidas pelo editor a vários senhores com experiência em grafologia, que foram inequivocamente de opinião de que elas haviam sido escritas pela senhora Blavatsky. A mesma opinião também foi expressa pelo Sr. J. D. B. Gribble, de Madras, em "Um Relatório de um exame da correspondência de Blavatsky, publicada no *Christian College Magazine*." Mas o mais importante julgamento sobre este ponto é o do técnico em grafologia, Sr. F. G. Netherclift, que não tem nenhuma dúvida de que as cartas em disputa, que foram submetidas à sua apreciação, foram escritas pela Sra. Blavatsky. Seu relatório será encontrado na p. 381. O Sr. Sims, do Museu Britânico, é também da mesma opinião.
>
> Em vista destas circunstâncias, direi simplesmente que examinei todos aqueles documentos, e em todos eles encontrei aquelas características da Sra. Blavatsky que estavam presentes no documento que usei como meu padrão principal, isto é, uma carta da Sra. Blavatsky ao Dr. Hartmann, escrita de Elberfeld em outubro de 1884. (p. 276-7)

A isso tenho que responder:

(a) As opiniões relatadas de certos senhores sem nomes não constituem evidência. Gribble nos diz que os ditos senhores tinham experiência em bancos e não em grafologia. Nenhum especialista profissional estava disponível.

(b) Veremos mais tarde que Hodgson rejeita o testemunho de Gribble *in toto* quando lhe convém. Ele não pode optar pelos dois extremos.

(c) Não temos nenhuma declaração escrita do Sr. Sims do Museu Britânico, somente as informações de Hodgson sobre o que ele teria dito ou pensado.

Consequentemente, o único testemunho independente de certo peso que possuímos é o Relatório de Netherclift, reproduzido (em parte) nas páginas 381 e 382 do Relatório Hodgson.

O Sr. Sims do Museu Britânico

O Sr. Sims do Museu Britânico é uma figura obscura que parece fazer pouco mais do que ecoar as opiniões cambiantes de Netherclift. Sou grato pelas informações a seu respeito fornecidas pelo Arquivista do Museu Britânico.

O Sr. Richard Sims era filho de um dos funcionários graduados de Wadham College, Oxford, e foi educado na Escola New College (não em New College propriamente dita). Ele ingressou no quadro de pessoal estabelecido do Museu Britânico em 1841 e demitiu-se do quadro em 1887. Era fluente em latim, grego, francês e inglês, e tinha algum conhecimento de espanhol e alemão. Ele podia ler escritos antigos com facilidade. Foi nomeado Copista no Departamento de Manuscritos e tornou-se Assistente (Primeira Classe) em 1879. Num atestado de suas habilidades, E. A. Bond, Responsável pelos Manuscritos do Museu, declarou que ele era capaz de descrever mapas e manuscritos ordinários em francês e latim, e que ele podia ser utilmente empregado para catalogar mapas e certas classes de manuscritos, tais como os de topografia, genealogia e heráldica.

Não há, portanto, razão para duvidar da competência e da integridade de Sims; mas ele não era um especialista em falsificações, e o fato permanece de que não temos nenhuma declaração escrita de sua parte. Não sabemos se suas opiniões foram dadas verbalmente ou por escrito, e exatamente o que foi solicitado a ele. Agora existe muito pouca chance de que algum dia sejamos capazes de localizar suas cartas ou relatórios originais.

O Relatório Netherclift

O Relatório de Netherclift é um documento curioso sob vários aspectos.

(a) O título apenso a ele é: "Relatório do Sr. F. G. Netherclift, Especialista em Grafologia, sobre os Documentos Blavatsky-Coulomb." Ele é enganoso, porque Netherclift recebeu somente uma seleção – a seleção do próprio Hodgson – daqueles documentos. O próprio Relatório está mutilado, parte tendo sido cortada; e ele tem duas datas.

(b) Netherclift inicia seu relatório: "Em conformidade com suas instruções, examinei cuidadosamente ..." Não nos é dito quais foram essas instruções. Teria Netherclift sido instruído a procurar alterações fraudulentas hábeis, ou interpolações em cartas que, fora isto, seriam genuínas? Ou ele efetuou uma inspeção superficial do documento como um todo? Não sabemos.
Netherclift meramente faz um pronunciamento *ex cathedra* de que as cartas (seja lá o que elas possam ter sido) foram todas escritas pela Sra. Blavatsky. O que ele deveria ter demonstrado, indicando suas razões detalhadas, era que as partes incriminado-

ras das cartas estavam na caligrafia genuína da Sra. Blavatsky. Nenhuma referência é feita a quaisquer partes incriminadoras.

(c) Pior de tudo, os documentos entregues a Netherclift não podem ser identificados. Isso é extraordinário, porque um Examinador precisa, em seu próprio interesse, declarar quais foram as suas instruções e identificar claramente os documentos entregues a ele para exame. Tal declaração deveria fazer parte integral do relatório – para evitar que um cliente inescrupuloso use seu relatório para acobertar documentos que não foram examinados, com possíveis problemas legais posteriores.
Netherclift declara que ele havia recebido dois pacotes. Com a exceção de um pedaço de papel com a caligrafia começando com "Damodar enviou-me," todas as cartas no Pacote 2 foram enviadas ao Sr. Myers e não são contestadas.

Netherclift declara que o Pacote 1 continha o seguinte:

(a) Envelope marcado 3, contendo um pedaço de papel, cuja caligrafia começa com, "O Mahatma ouviu ..."
(b) Um telegrama numa caligrafia diferente.
(c) Um envelope endereçado à Sra. E. Coulomb.
(d) Uma carta num papel verde.
(e) Uma carta num papel cor de rosa.
(f) Envelope marcado 7, contendo um pedaço de papel marcado 10, cuja caligrafia começa com, "La poste ..."
(g) Envelope endereçado à Sra. e ao Sr. Coulomb.
(h) Envelope marcado 10, contendo uma carta marcada 2, cuja caligrafia começa com, "Ma belle chère amie ..."

(i) Envelope marcado 28, contendo uma carta, de várias páginas, escrita em tinta violeta.
(j) Envelope marcado 11, contendo uma carta em tinta violeta começando, "Ma chère Madame Coulomb ..."

Os *envelopes* no Pacote 1 poderiam conter qualquer coisa e são inúteis como evidência. O telegrama, seja lá o que for, não era na caligrafia da Sra. Blavatsky. Nas p. 211-216 do Relatório Hodgson, ele oferece quatorze extratos da correspondência Blavatsky-Coulomb. Nove desses extratos apresentam um asterisco, que nos é dito significar que "as cartas das quais estes extratos foram retirados estão entre as examinadas pelo Sr. Netherclift." No entanto, é impossível relacioná-las com os documentos apresentados na lista do Pacote 1 de Netherclift.

O pedaço de papel começando com "O Mahatma ouviu ..." pode ser identificado, e o texto não é incriminador. Não sabemos o que as cartas em papel verde e cor de rosa eram, nem tampouco, a quem elas eram endereçadas.

Item (f), o pedaço de papel com as palavras começando com "La poste ..." parece ser o extrato 12 de Hodgson, que segue:

> "O correio está partindo, minha querida. Eu só tenho um instante. Vossa carta chegou tarde demais. Sim, deixai Srinavas Rao prosternar-se diante do santuário, se ele pedir ou não, eu vos suplico transmitir a ele essa resposta por K.H., pois ele a está aguardando; eu sei o que ele quer. Amanhã, vós tereis uma grande carta. Grandes notícias. Obrigada! H.P.B."

Esta nota não parece conter nada mais sinistro do que uma instrução apressada à Sra. Coulomb para permitir ao Sr. Sreenevas Rao de prestar reverência ao "santuário" e de assegurar-se de que ele receba a carta anexa de K.H. que ele está esperando. Nada mais miraculoso é sugerido.

Item (h) não pode ser relacionado a nenhum dos extratos com asteriscos: nenhum deles começa com "Ma belle chère amie ..." Item (i) não pode ser identificado positivamente, mas pode ser aquele datado de 1 de abril de 1884, que Gribble havia notado como "de longe o mais longo de todos publicados" e que foi escrito em tinta púrpura ou violeta. Se assim for, ele era "parcialmente desafiador e parcialmente suplicante," mas ele não continha nenhuma admissão de culpa. Item (j) não pode ser identificado.

Se rejeitarmos os envelopes e o telegrama no Pacote 1, sobram dois pedaços de papel e cinco cartas. Portanto, ao menos dois dos extratos com asteriscos permanecem sem explicação. Presume-se que esses foram incluídos num inteiramente não especificado "segundo grupo de cartas Blavatsky-Coulomb" apresentadas "pouco mais tarde" ao Sr. Netherclift. Os documentos enviados nesse "segundo grupo" não foram arrolados, nem tampouco temos nenhum relatório formal a seu respeito; tudo o que temos é a declaração de Hodgson de que Netherclift retornou-os com um endosso geral na capa em que eles haviam sido enviados. Tal falta de exatidão por parte de um Especialista profissional é difícil de acreditar, pois cartas poderiam ser removidas ou inseridas nesta capa a qualquer momento sem medo de serem detectadas.

Notamos também que de todos os documentos incluídos no Pacote 1, cinco, certamente, e possivelmente um sexto, não eram incriminadores. Portanto, temos o direito de querer saber se Netherclift examinou *alguma* das passagens incriminadoras que poderiam ter sido interpoladas em cartas que de outra forma seriam genuínas. Devemos nos perguntar também por que esse procedimento foi tão negligente e irregular.

As Cartas dos Mahatmas

As Cartas dos Mahatmas são atribuídas a mais de um autor. Hodgson confina sua atenção às séries de cartas mais importantes – os escritos de "Koot Hoomi" ou "K.H." – e alega que ele estabeleceu por meio de seu exame, confirmado pelos especialistas em grafologia, que H.P.B. escreveu as Cartas dos Mahatmas, exceto aquelas que ele admite que não seria possível ela escrever. Essas últimas, ele assevera, foram escritas por cúmplices.

Dois pontos gerais precisam ser estabelecidos. O primeiro é de que não temos o direito de assumir que, pelo fato de uma carta estar *assinada* "K.H.", ela tenha sido necessariamente *escrita* por K.H. O uso de um secretário por um homem ocupado era, e ainda é, uma prática comum. Sinnett e outros declararam expressamente que K.H. frequentemente ditava suas cartas a discípulos; e que se esses discípulos aprenderam a caligrafia em inglês de seu mestre, uma semelhança comum de contorno não é surpreendente.[7] Os escritos de K.H. preservados na Biblioteca Britânica foram escritos de forma muito semelhante, mas por vários autores distintos.[8]

Em segundo lugar, ao examinar cartas ou assinaturas suspeitas, não se dá muita atenção aos contornos gerais, pois podemos assumir que, a menos que a falsificação seja muito rudimentar, os contornos serão seguidos suficientemente bem para serem enganosos. São os pequenos maneirismos inconscientes que são importantes. Precisamente pelo fato de serem inconscientes, eles tendem a persistir por muitos anos ou mesmo por toda a vida; e eles são difíceis de erradicar. A fluência da caligrafia, e as variações na pressão que ocorrem com a execução dos contornos,

---

[7] William Blake ensinou sua mulher a escrever; e a caligrafia dela é quase indistinta da dele.

[8] (Essa era minha opinião quando escrevi o artigo original, mas veja Opinião (5), p. 108 -V.H.)

podem ser extremamente importantes.[9]

Nas melhores fotocópias e cópias fotográficas, muito detalhe essencial é perdido do original. Todos os detalhes estereoscópicos são perdidos: e alguns dos detalhes sutis são confundidos ou deixados de lado. Valores tonais são distorcidos.[10]

As Ilustrações no Relatório Hodgson

O Relatório Hodgson inclui duas ilustrações que parecem inicialmente serem fotografias de caligrafias. É importante ter em conta que elas não são isso. Os agrupamentos de letras na Ilustração 1, que assumem um papel importante nos argumentos de Hodgson, são (e eu cito) "copiados com papel transparente por mim feitos dos documentos originais e, portanto, muitos deles exibem uma aparência trêmula que não é característica dos manuscritos originais, e que poderiam ter sido evitadas se o trabalho tivesse sido efetuado inteiramente pelo artista litográfico" (Relatório Hodgson, p. 284). Elas são, portanto, cópias de cópias. Parece-me difícil entender a razão para isso, já que a fotografia estava bem avançada em 1884 e fotolitografias a partir de placas de zinco já eram usadas por duas décadas. A referência a "artista litográfico" deixa implícito que as cópias foram desenhadas à mão diretamente nas placas por um artista que observava o material a ser copiado num espelho e que usava uma caneta carregada com tinta gordurosa – como era feito nos primeiros tempos da litografia. A Sra. Sidgwick, em seu Apêndice XV (p. 379), diz: "As ilustrações representando pequenas passagens de diferentes documentos dão uma boa ideia geral da caligrafia, mas em alguns casos falham em apresentar o caráter individual de letras particulares. Ainda assim elas são suficien-

---

9 (Veja Parte 2, Métodos de Exame – V.H.).

10 (Fotocópias melhoraram muito em qualidade durante a última década, mas o exame dos originais deve ser efetuado sempre que possível. – V.H.).

temente acuradas para ajudar o leitor a entender a discussão. Aqueles copiados de caligrafia em lápis azul são, como poderia ser esperado, fac-símiles menos fidedignos do que os outros."

Só possuímos garantias de Hodgson e da Sra. Sidgwick de que as ilustrações são boas representações dos originais e não podemos julgar quanta distorção foi introduzida durante o processo de cópia. Essas ilustrações, porém, são as *únicas* evidências positivas que Hodgson cita como provas. Ele dedica muitas páginas a uma descrição do que ele encontrou durante seus exames dos documentos quando na Índia e em outros lugares, mas só temos a palavra dele a esse respeito.

Os Especialistas em Grafologia

Examino a seguir o comportamento extraordinário de Hodgson e dos especialistas em grafologia. Começo com o Sr. J.D.B. Gribble de Madras. Em seu "Relatório de um Exame da Correspondência de Blavatsky, publicada no *Christian College Magazine*" (Higginbotham & Co., Madras, 1884), p. 7-9, ele descreve a carta forjada de Hartmann nos seguintes termos:

> A caligrafia dessa carta só apresenta uma leve semelhança com a do Dr. Hartmann. As cartas foram escritas num estilo 'para cima e para baixo', e não são de forma alguma dissemelhantes das cartas anônimas e pseudônimas que recebemos com tanta frequência neste país. Na realidade, a diferença entre a caligrafia deste documento e a do Dr. Hartmann é tão gritante que uma de duas suposições nos vem a mente:
>
> (1) Ou a pessoa que escreveu essa carta não havia nunca visto, ou não teve oportunidade de copiar, a caligrafia do Dr. Hartmann;
>
> (2) Ou então, a pessoa escrevendo-a *tinha a inten-*

> *ção* de que o recipiendário iria detectar imediatamente a falsificação.

O único exemplo em que alguma semelhança à caligrafia do Dr. Hartmann é encontrada está na formação do H maiúsculo. Essa, no entanto, é muito trabalhada e forçada.

Gribble declara que ele havia examinado essa carta muito cuidadosamente, e ele acrescenta:

> Que a carta de Hartmann era uma falsificação tão grosseira que sua falsidade seria imediatamente aparente a qualquer pessoa que conhecesse a caligrafia daquele senhor.

Isso sobre Gribble. Vejamos agora o que Hodgson tem a dizer sobre essa mesmíssima carta:

> A imitação das características do Dr. Hartmann são em geral muito próximas, e nesse particular eu devo divergir inteiramente do Sr. Gribble, que evidentemente não era familiarizado com a caligrafia do Dr. Hartmann; ... Devo dizer que o Sr. Gribble só teve a oportunidade de examinar o documento muito rapidamente durante uma curta visita de uma hora à sede da Sociedade Teosófica, quando ele também examinou outros documentos; e isso explica os erros que ele efetuou em seu exame.

A contradição aqui é absoluta, e vai muito além do que se poderia atribuir a observações falhas ou inaptidão geral. Não há como reconciliar as duas declarações. Se Hodgson tivesse dado um fac-símile da carta de Hartmann, poderíamos ser capazes de decidir qual daquelas descrições estava correta; mas nenhuma cópia foi dada.

Netherclift e Sims foram chamados para examinar alguns

dos documentos de K.H. Ambos chegaram à conclusão de que aqueles documentos NÃO foram escritos pela Sra. Blavatsky. Essa também foi a opinião de Gribble. Hodgson não podia aceitar isso, e diz (p. 282):

> Já expressei minha própria conclusão, obtida após investigar os escritos de K.H. na Índia, de que aqueles que eu examinei eram, com a exceção do K.H. (Y), escritos pela Sra. Blavatsky, e ao chegar à Inglaterra fui surpreendido ao saber que o Sr. Netherclift tinha uma opinião diferente a respeito dos escritos de K.H. submetidos a ele.

O relatório final ficou aguardando enquanto mais espécimes eram obtidos, e (cito):

> O resultado foi que o Sr. Netherclift chegou à conclusão de que todos aqueles documentos sem dúvida tinham sido escritos pela Sra. Blavatsky.

O Sr. Sims do Museu Britânico mudou sua opinião para se acomodar.

Para mim, a passagem mais reveladora encontra-se no próprio relato de Hodgson (p. 296-7):

> Meu ponto de vista é de que o Sr. Damodar inquestionavelmente escreveu o K.H. (Z). O Sr. Netherclift não teve a oportunidade de ver o K.H. (Y), que me foi enviado por pouco tempo na Índia, mas que o K.H. (Z) foi-lhe submetido com os outros documentos K.H. que ele havia solicitado para dar uma segunda opinião, com a luz adicional conferida por aqueles que nos foram emprestados pelo Sr. Sinnett. O Sr. Netherclift, em seu segundo relatório, declarou, como sua opinião, que era "absolutamente impossível que Damodar pudesse ter acomodado seu estilo usual para adaptar-se ao de K.H.," ... então eu submeti a ele minha análise do documento, e ele gentilmente aceitou fazer um exame adicional,

> expressando sua confiança que ele iria provar-me que a conclusão que eu havia chegado era errada. O resultado, porém, de uma comparação prolongada que ele então efetuou foi que ele francamente confessou que minha opinião era a correta, dizendo que ao longo dos muitos anos de sua experiência como especialista, ele "nunca havia encontrado um caso mais enigmático," mas que ele estava finalmente "inteiramente convencido de que" o K.H. (Z) "tinha sido escrito por Damodar *numa imitação próxima* do estilo adotado pela Sra. Blavatsky nos papéis de K.H."

Falando como examinador forense profissional de documentos questionáveis, que em alguns casos deve passar por exame cruzado no Tribunal, eu não alego ser infalível. Dou uma opinião, e as razões de minha opinião, sustentadas por evidência fotográfica e micrográfica quando aplicável. Para propósitos legais, uma opinião quando dada deve ser mantida. Se um cliente não concorda com meus resultados, ele tem a liberdade de ir alhures e obter opiniões adicionais. O que não estou preparado a permitir é de ter meu cliente abertamente procurando influenciar meu julgamento e, na verdade, ditar o que meu relatório deve ser. Julgo que os óbvios e bem-sucedidos esforços de Hodgson para influenciar o julgamento de seus especialistas são altamente impróprios. Nenhum tribunal inglês aceitaria um relatório se fosse conhecido ter sido feito em tais circunstâncias.

As Três Declarações Cardinais

Dirijo-me agora ao âmago do argumento de Hodgson. Ele faz três declarações cardinais (p. 283):

> I. Que existem sinais claros de desenvolvimento nos escritos de K.H., sendo várias fortes semelhanças

com a caligrafia ordinária da Sra. Blavatsky gradualmente eliminadas.

II. Que formas especiais de letras características da caligrafia ordinária da Sra. Blavatsky, e não características da caligrafia de K.H., ocasionalmente aparecem nesta última.

III. Que existem certas peculiaridades marcantes da caligrafia ordinária da Sra. Blavatsky que ocorrem ao longo dos escritos de K.H.

Concentro-me na primeira e na terceira, porque, se estas estiverem erradas, a segunda não tem importância.

Primeira Declaração Cardinal

Hodgson baseia sua tese basicamente numa série de cartas de K.H. disponibilizadas pelo Sr. Sinnett, e ele menciona:

> Fac-símiles das séries de cartas disponibilizadas pelo Sr. Sinnett talvez teriam sido interessantes e sugestivos ao leitor,[11] e teriam claramente demonstrado o desenvolvimento da caligrafia de K.H.; mas o Sr. Sinnett enfatizou fortemente seu desejo de que absolutamente nenhum uso deveria ser feito dos espécimes que ele submeteu exceto para comparação da caligrafia, e que a produção de cópias de porções do documento era, obviamente, impossível sem a publicação, em parte, de seu conteúdo. Decidi, portanto, escolher diversas letras minúsculas, *f*, *g*, *k* e *y* , para o propósito de ilustrar o desenvolvimento que mencionei. (p. 283-4)

A isso eu replico que é facilmente possível fotografar partes

[11] Eles certamente teriam sido [interessantes e sugestivos. (N. E.)] –V.H.

de um documento para mostrar as características da caligrafia sem revelar nada do conteúdo do documento, e é interessante especular porque Hodgson não fez isso.

Figuras 1a e 1b são reproduzidas fotograficamente do Relatório Hodgson e mostram o desenvolvimento alegado para o *f* e o *y*, mas aqui o desenvolvimento é menos marcante.

Hodgson indica que os *f*s ordinários de H.P.B. são geralmente abertos somente em baixo e são normalmente precedidos por um traço para cima. As formas desenvolvidas de K.H. são abertas somente acima. K.H. nº 1 e K.H. nº 2 mostram formas intermediárias. Observações semelhantes também se aplicam aos *g*s. Essa é a única evidência *verificável* que Hodgson retira em apoio à sua declaração. Examinamos as séries mais atentamente.

A fila marcada "B" é tomada de escritos incontroversos da Sra. Blavatsky. O Sr. Sinnett descreve os outros como segue:

> "Nº. 1 ★★★ é a primeira folha da primeira carta que recebi dele certamente escrita por outra mão.[12]"
>
> "Nºs. 2 e 3 são seleções de cartas posteriores, da antiga série, escritas antes da publicação de "*O Mundo Oculto*."
>
> "Nº. 4 foi recebida por mim em Londres por ocasião da publicação de *Budismo Esotérico*".
>
> "Nº. 5 ★★ é de uma carta certamente escrita na caligrafia de K.H."

Vemos, portanto, que Sinnett declara explicitamente que o nº. 1 é *de* K.H., mas *não foi escrito* por ele. A data é aproximadamente outubro de 1880. As datas de nºs. 2 e 3 seriam de antes de junho de 1881. A data do nº. 4 seria antes de junho de 1883. Sinnett afirma que o nº. 5 está na caligrafia do próprio K.H., mas não dá uma data.

---

[12]Uma fotografia de toda a página é reproduzida na Figura 12. –V.H.

Essa, certamente, é uma série selecionada para demonstrar o desenvolvimento progressivo da mesma caligrafia ao longo de um período de quatro anos. Notamos que aquilo que Hodgson nos mostra são caracteres isolados retirados de seu contexto. Se acreditamos em Sinnett, eles não são todos escritos pela mesma pessoa. Eles são cópias de cópias. Não sabemos se as letras selecionadas são amostras representativas retiradas do manuscrito ou se elas foram selecionadas especificamente para dar suporte ao caso de Hodgson. Não nos é dito nada sobre as outras vinte e duas letras do alfabeto.

O que Hodgson não menciona é que sua Ilustração 2 também inclui uma série de documentos de K.H. desse mesmo período. As datas são:

K.H. (i)	1° de novembro de 1880[13]
K.H. (ii) a (vi)	1881-1882
K.H. (vii)	1884

Temos o direito de esperar que *esta* série deveria mostrar um desenvolvimento de estilo semelhante. Ela não mostra nada disso. K.H. (i) é plenamente "desenvolvido" e a Figura 2 reproduz parte dele diretamente do Relatório Hodgson. Oito *f*s são mostrados, todos eles abertos acima de uma maneira perfeitamente concorde com K.H. nº. 5 da Figura 1a. A mesma observação aplica-se aos *g*s.

Ou Hodgson não notou que a evidência em sua Gravura 2 contradiz redondamente seu argumento, ou ele decidiu ignorá-lo, concentrando-se em exemplos cuidadosamente selecionados para apoiar seu caso. Isso mostra sua imparcialidade.

Muitas das cartas de K.H. são preservadas na Biblioteca Britânica, e percebo ao examiná-las que elas representam a caligrafia plenamente "desenvolvida" de K.H., conformando-se em todos aspectos às cartas posteriores de K.H., tendo sido recebi-

---

[13] Referida em detalhes na Parte 2, p. 84. –V.H.

das desde 29 de outubro de 1880. Outras cartas foram escritas com caligrafia muito semelhante, porém distintas da caligrafia de K.H.; e estas podem ter sido escritas por escribas.

Não existe nenhuma evidência de "desenvolvimento" na caligrafia de K.H. que Hodgson alega.

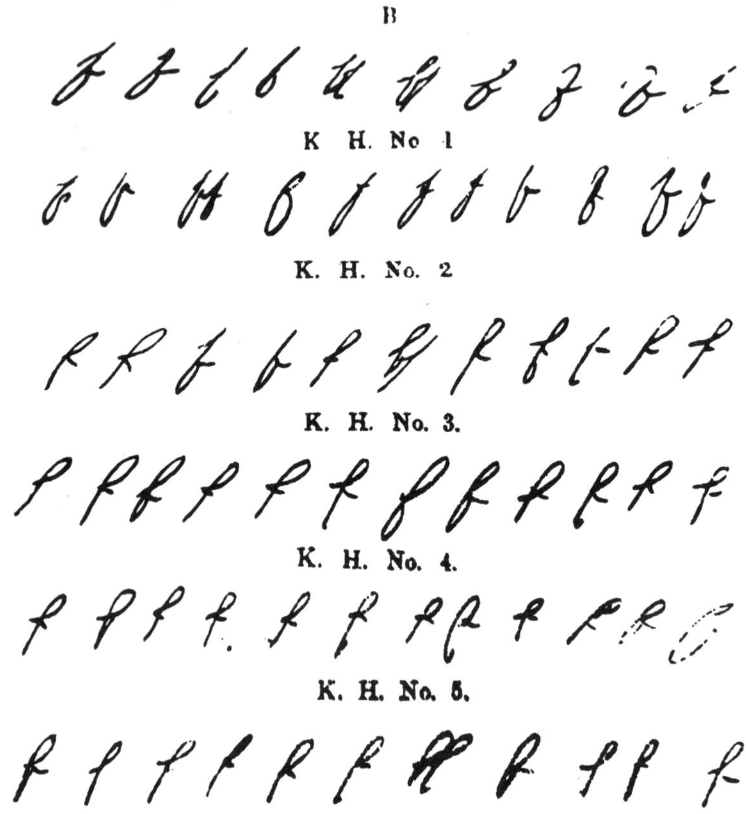

Figura 1a.

A Terceira Declaração Cardinal

Citando Hodgson:

> A evidência que vamos considerar agora é, em meu julgamento, a mais importante de todas para provar o fato[14] de que os escritos de K.H. em geral são obras da Sra. Blavatsky. Essa evidência depende na formação do grupo de letras *a, d, g, o* e *q* da Sra. Blavatsky. As peculiaridades exibidas nestas letras são muito marcantes; elas são suficientemente indicadas nos espécimes do *a, d, o* e *q*, que apresentei no grupo B"

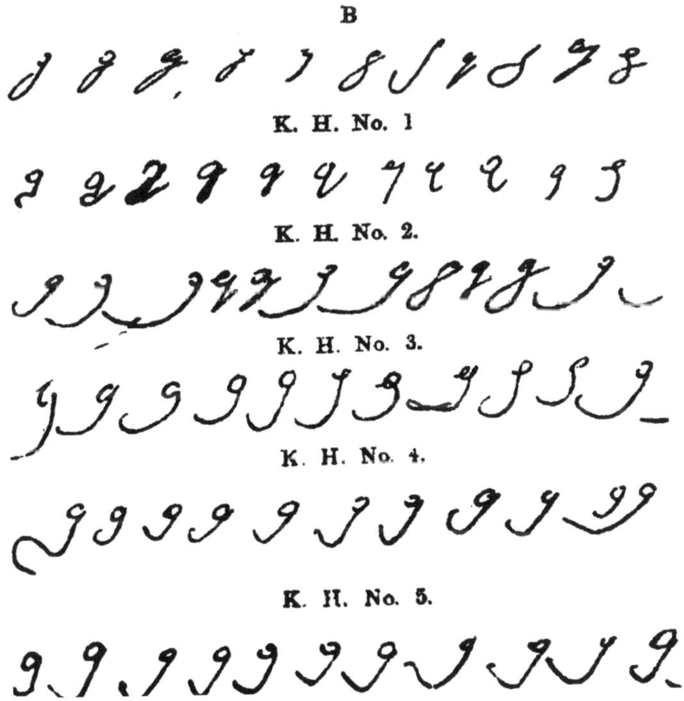

Figura 1b.

[14]Não era um fato que os escritos de K.H. foram o trabalho da Sra. Blavatsky; era simplesmente a hipótese de Hodgson de que tinha sido assim. –V. H.

(todas as letras nesses espécimes foram retiradas dos escritos evidentes da Sra. Blavatsky), e estão aparentemente também nos diferentes grupos de *g*s que apresentei como manifestando a evolução do *g* característico de K.H.

O grupo de letras B" é reproduzido do (relatório) Hodgson na figura 3, e os *g*s são reproduzidos da linha B da Figura 1b. Hodgson continua:

> Uma formação apropriadamente efetuada do "*o*" não é comum tanto na caligrafia ordinária da Sra. Blavatsky como nos escritos de K.H. Se a letra demandando tal formação é inicial, ou não está conectada com a letra precedente, a tendência em ambas caligrafias é de produzir uma formação parecida com aquelas indicadas nos primeiros quatro *a*s, os primeiros três *d*s ingleses, e os primeiros quatro *q*s. Se a letra estiver conectada com a letra precedente, a tendência é ou começar a formação do "*o*" acima com uma abertura, como ocorre com mais frequência no caso do *d*, deixando um vão acima, ou começar bem em baixo, nesse caso a curva é raramente fechada por um movimento completo para trás, e um vão peculiar permanece, portanto, do lado esquerdo.

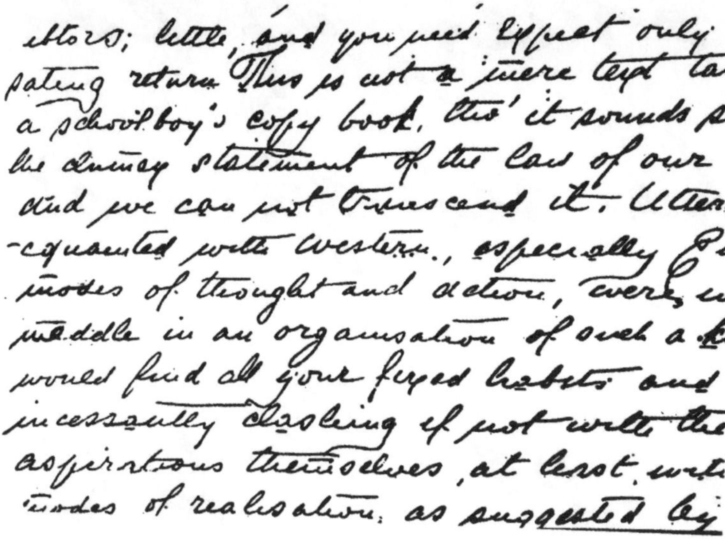
ctors; little, and you need expect only
pating return. This is not a mere text tak
a schoolboy's copy book, tho' it sounds s
the clumsy statement of the law of our
and we can not transcend it. Utter
-cquainted with Western, especially E
modes of thought and action, every
meddle in an organisation of such a k
would find all your fixed habits and
incessantly clashing if not with the
aspirations themselves, at least with
modes of realisation as suggested by

Figura 2

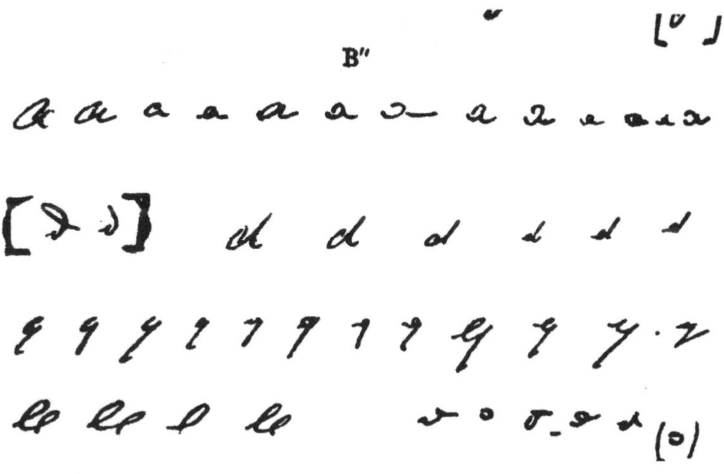

Figura 3.

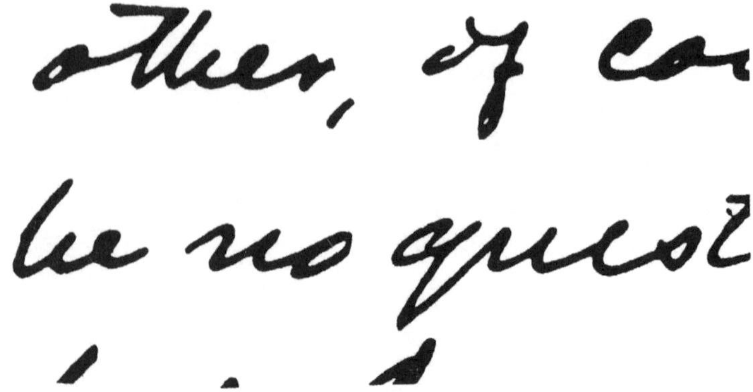

Figura 4a.

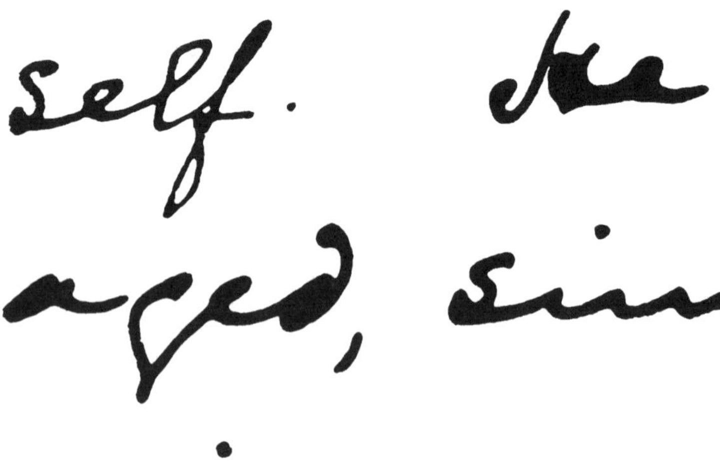

Figura 4b.

Esse último método de formação, que chamarei de *movimento do vão esquerdo*, pode ser claramente visto em alguns dos *q*s e *o*s, sendo porém mais notável nos *g*s e *a*s, dos quais especialmente este último *é o traço mais característico, comum e conspícuo, tanto da caligrafia ordinária da Sra. Blavatsky quanto daqueles escritos de K.H. que eu atribuo a ela.*

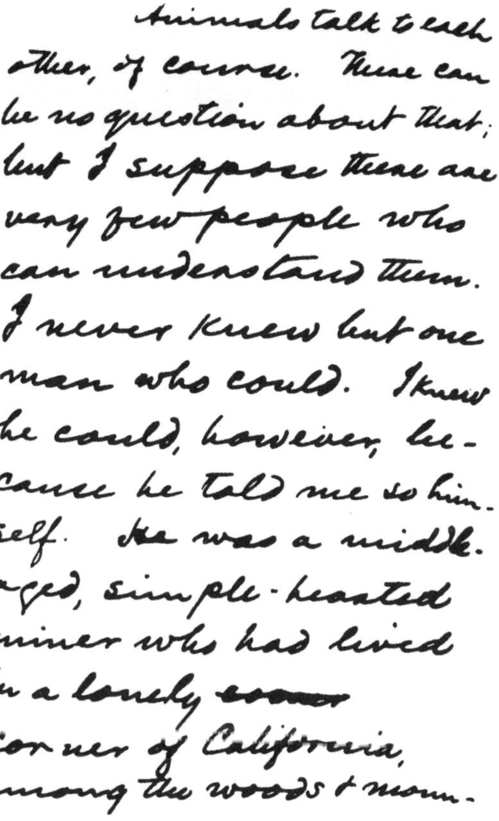

Animals talk to each
other, of course. There can
be no question about that;
but I suppose there are
very few people who
can understand them.
I never knew but one
man who could. I knew
he could, however, be-
cause he told me so him-
self. He was a middle-
aged, simple-hearted
miner who had lived
in a lonely ~~corner~~
corner of California,
among the woods & moun-

Figura 5.

Ele é tão peculiar, que se ele fosse encontrado só raramente em ambos os conjuntos de caligrafia, ou muito comum num e raramente no outro, ele ainda seria uma indicação toleravelmente definitiva da obra; mas quando encontramos, como é o caso, que ele ocorre constantemente em ambos os conjuntos de escritos, que qualquer outra forma (exceto as formas iniciais mencionadas) é comparativamente rara, e que numerosas variedades do tipo num conjunto de escritos podem ser notadas de forma exatamente paralela no outro, creio que existe pouca dúvida que a mesma pessoa usou a pena de ponta a ponta.

Hodgson conclui o parágrafo dizendo:

> Deve ser difícil para qualquer pessoa traçar esse *movimento do vão esquerdo* ao longo de uma série dos escritos reconhecidos da Sra. Blavatsky e ao longo de um conjunto do que acredito serem os escritos de K.H. feitos por ela, comparando em detalhe todos os artifícios espiralados e anomalias fantásticas de curvatura que ela adota, e ao mesmo tempo resistir à impressão de que a mesma pessoa executou todos eles.

B (I.)

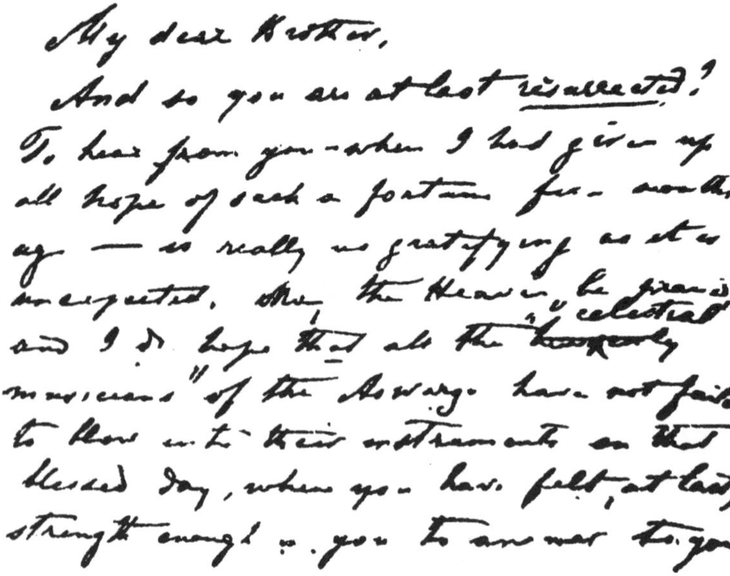

My dear Brother,
And so you are at last resurrected?
To hear from you — when I had given up
all hope of such a fortune for months
ago — is really as gratifying as it is
unexpected. May the Heavens, be praised celestial
and I do hope that all the heavenly
"musicians" of the Asuras have not failed
to blow into their instruments on that
blessed day, when you have felt, at last,
strength enough to . you to answer to you

Figura 6.

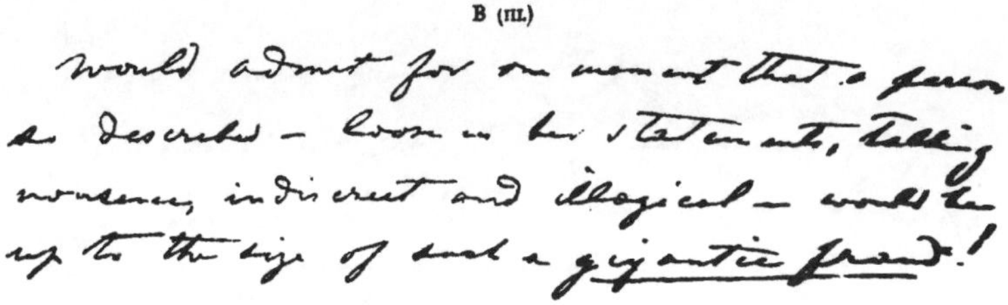
B (III.)

would admit for one moment that a person as described – loose in her statements, talking nonsense, indiscreet and illogical – would be up to the size of such a gigantic fraud!

Figura 7.

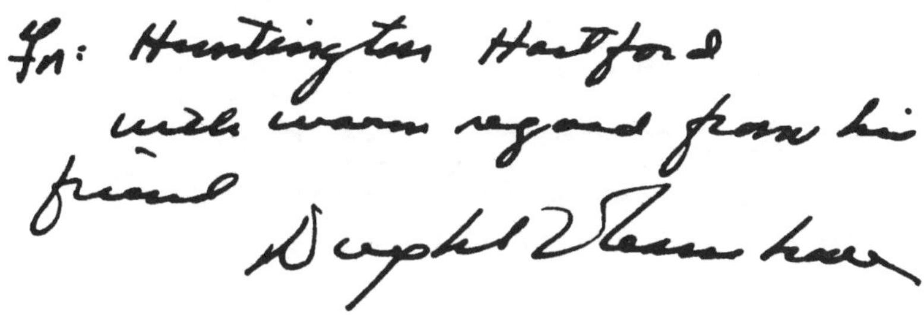
For: Huntington Hartford
with warm regard from his friend
Dwight Eisenhower

Figura 8.

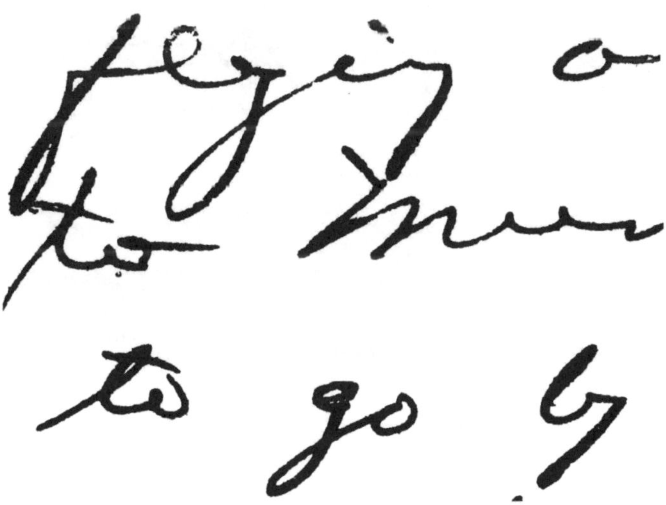

Figura 9.

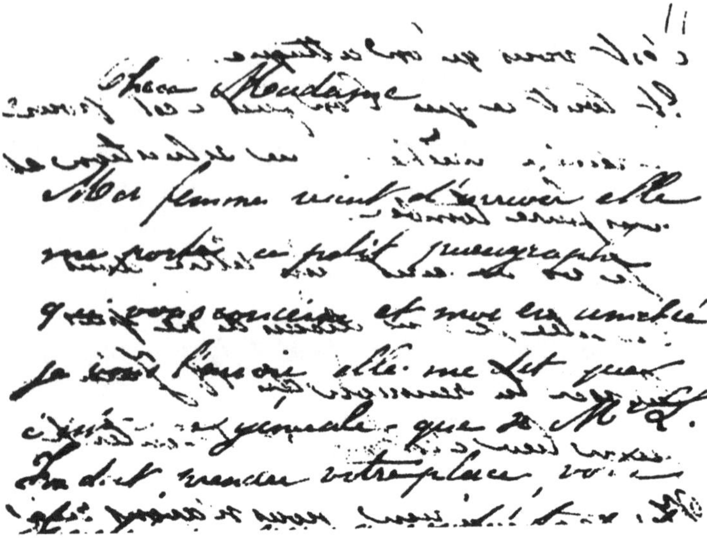

Figura 10a.

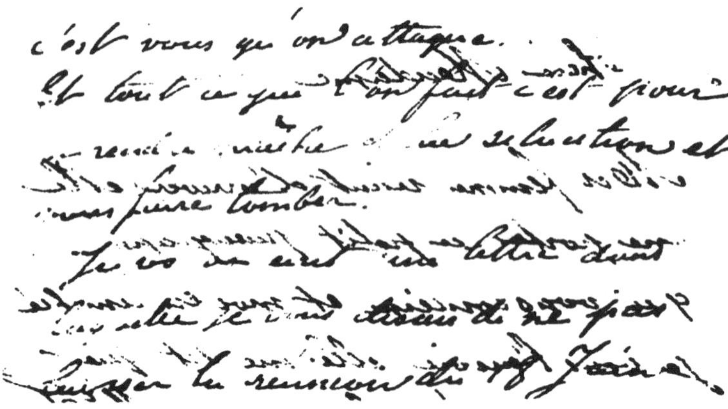

Figura 10b.

As proposições levantadas são devidamente ilustradas nas Figuras 4a e 4b, que deveriam ser comparadas com a Figura 3 e a Figura

1b. Na Figura 4a, o "*o*" de "of" conforma-se rigorosamente ao "*o*" na quarta linha da Figura 3, quinto caractere a partir da esquerda. Ele é seguido pelo típico *f* de Blavatsky. O "*o*" em "*other*" pode ser visto na quarta fila, sétimo caractere da esquerda, na mesma Figura. O *q* na segunda linha da Figura 4a conforma-se exatamente ao *q* na Figura 3, terceira fila, nono caractere a partir da esquerda. Na segunda linha da Figura 4b, a palavra "aged" mostra todas as características Blavatskianas. O "*a*" pode ser encontrado na Figura 3, primeira fila, terceiro caractere a partir da esquerda. A Sra. Blavatsky produz um estranho sortimento de *g*s, mas o que se encontra na Figura 4b é claramente intermediário entre o sexto e o oitavo caracteres da esquerda, na linha superior da Figura 1b. O *d* equipara--se ao segundo caractere da esquerda, na segunda fila da Figura 3.

Ocorre que os fragmentos de caligrafia apresentados nas Figuras 4a e 4b foram escritos, não pela Sra. Blavatsky, mas por MARK TWAIN; e isto certamente serve para demonstrar a futilidade de tentar obter conclusões válidas de um exame de letras tiradas de seu contexto. A parte do escrito apresentado em 4a e 4b é reproduzida na Figura 5, que é de interesse porque ela mostra que, como a Sra. Blavatsky, Mark Twain usa o que Hodgson chama indiscriminadamente de tipos de *d* germânico e inglês. Com certeza, a caligrafia de Mark Twain não é a mesma de H.P.B., mas ela contém tantos traços Blavatskianos que, usando o método de Hodgson, seria possível provar que H.P.B. escreveu *Huckleberry Finn*.

As Figuras 6 e 7 reproduzem dois fac-símiles das caligrafias reconhecidas de H.P.B. apresentadas na Placa 1 do Relatório de Hodgson. Compare com elas a caligrafia apresentada na Figura 8. A inclinação é a mesma. O espaçamento é o mesmo. O ritmo é o mesmo. A formação das importantes letras *f, g, h, m, n* e *t* é praticamente a mesma. O *a* de "regard" na linha 2 da Figura 8 é um bom espécime do vão da esquerda Blavatskiano. No entanto, as linhas na Figura 8 foram escritas, não pela Sra. Blavatsky, mas pelo PRESIDENTE EISENHOWER. A semelhança de sua caligrafia com a de H.P.B. é realmente extraordinária. Em virtude da gentileza do Embaixador John S. D. Eisenhower, fui capaz de examinar uma das cartas pessoais do falecido Presidente, escrita no campo, perto do fim da segunda guerra mundial. A Figura 9 mostra uma pequena parte aumentada. Note os lindos exemplos de *movimento do vão esquerdo*. Usando os métodos de Hodgson, eu poderia provar "sem dúvida" que *A Doutrina Secreta* foi escrita por Dwight D. Eisenhower.

Finalmente, implorando a H.P.B. que não o retirasse do *bungalow* e dizendo que eles poderiam explicar tudo quando ela chegasse. Sendo a carta em papel fino, a caligrafia aparece do lado reverso; e ambos os lados são registrados na fotocópia, como mostrado nas Figuras 10a e 10b. No entanto, parte da caligrafia é suficientemente legível. A Figura 10a começa:

Chère Madame
Cara Madame

Ma femme vient d'arriver elle me porte un petit paragraphe qui vous concerne et moi em amitié je vous l'envoie elle me dit ...

Minha esposa acaba de chegar, ela me traz um pequeno parágrafo que vos diz respeito, e eu, por amizade, vo-lo envio, diz ela.

A Figura 10b começa:

C'est vous qu'on attaque.
Et tout ce que l'on fait c'est pour se rendre maître de la situation et vous faire tomber ...

É vós que estais sendo atacada.

E tudo o que fazem é para se tornarem senhores da situação e vos derrubar.

Observem o notável vão para a esquerda no
q de "qui" na linha 4 da Figura 10a
qu na linha 1, Figura 10b, e
que na linha 2 da Figura 10b
e comparem essas letras com os *q*s da Figura 3.

Notem também a construção dos *a*s em
amitié na linha 4 da Figura 10a
attaque na linha 1 da Figura 10b, e
situation na linha 3 da Figura 10b
e comparem com os *a*s da Figura 3.

Esses exemplos certamente são suficientes para mostrar que não existe nada especialmente característico a respeito das letras representadas na Figura 3 e na primeira linha da Figura 1b. A presença do *movimento do vão da esquerda* não prova que o escritor tenha sido H.P. Blavastky.

O Terceiro Ponto Cardinal de Hodgson é falso.

O que as Figuras 10a e 10b realmente mostram é que Coulomb, tendo um conhecimento íntimo e acesso à caligrafia de H.P.B., e também a vantagem inicial de ter uma caligrafia semelhante a dela em aspectos importantes, poderia ter interpolado passagens nas cartas genuínas dela sem muita dificuldade. Por que Hodgson nem mesmo considerou essa possibilidade? Por que espécimes da caligrafia do Sr. Coulomb não foram enviados para um exame independente?

Gribble, em seu "Relatório," diz que se a Sra. Blavatsky não havia escrito a correspondência incriminadora, os únicos outros suspeitos seriam os Coulombs. (Como sabemos, eles tinham motivos suficientes). Ele afirma que a caligrafia da Sra. Coulomb era bastante diferente da Sra. Blavatsky. (Isso é possível).

No entanto, ele prossegue pondo de lado o Sr. Coulomb com a declaração extraordinária:

> O Sr. Coulomb pode ser de imediato dispensado de qualquer suspeita. Ele só tem um conhecimento imperfeito de inglês, e seria uma impossibilidade para ele ter escrito as cartas.

Somos forçados a perguntar, em nome de Deus, por quê? A maior parte das passagens incriminadoras foi escrita, não em inglês, mas em francês – e mau francês, ainda por cima. Um falsificador tem que ter um olhar atento e memória para contornos, e habilidade no controle da pena; ele não tem que compor o assunto que ele está falsificando. A Sra. Coulomb poderia ter feito isso para ele.

O Que Hodgson não Menciona

Não é nenhuma surpresa a descoberta de que existem diferenças sistemáticas entre a caligrafia nos escritos de K.H. e os escritos reconhecidos de H.P.B., que Hodgson não menciona. Tomemos três das letras mais importantes.

A caligrafia "desenvolvida" de K.H. (que, como eu já disse, começa desde outubro de 1880), mostra uma formação notável da letra *p*: o principal movimento para baixo e o movimento de retorno para cima são consideravelmente separados, e a curva final está degenerada. Exemplos mostrando claramente o que quero dizer serão encontrados na Figura 2:

na linha 1 – "expect"
na linha 3 – "copy"
na linha 6 – "especially," e
na linha 11 – "aspirations."

Com H.P.B., o principal movimento para baixo e o movimento para cima geralmente se superpõem da maneira usual. Exemplos serão vistos a seguir:

Figura 6, linha 4 – "hope"
Figura 6, linha 6 – "unexpected" e "praised"
Figura 6, linha 7 – "hope"
Figura 7, linha 1 – "person" e
Figura 7, linha 4 – "up."

A diferença é persistente e significativa.

h. Na caligrafia de K.H. o movimento inicial e o principal movimento para baixo da letra *h* são efetuados num movimento contínuo, e o movimento para baixo é côncavo para a direita. A "corcunda" final é baixa e fortemente orientada para a direita. Bons exemplos são encontrados a seguir:

Figura 2, linha 3 – "tho"
Figura 2, linha 7 – "thought"
Figura 2, linha 9 – "habits," e
Figura 2, linha 10 – "clashing."

O *h* na caligrafia de H.P.B. tem um movimento para baixo que é reto ou levemente côncavo para a esquerda, e a "curvatura" é muito menos inclinada. Exemplos são vistos a seguir:

Figura 6, linha 3 – "hear," "when," "had"
Figura 6, linha 4 – "hope"
Figura 6, linha 7 – "hope," "that"
Figura 6, linha 8 – "have."

A diferença é persistente e significativa.

n e *m*. O *n* inicial na caligrafia de K.H. é geralmente como na letra grega "mu" com um longo movimento inicial. Exemplos são:

Figura 2, linha 1 – "need"
Figura 2, linha 5 – "not"
Figura 2, linha 10 – "not."

Dentro de uma palavra existe pouca diferença entre *n* e *u*. A letra *m* exibe as mesmas peculiaridades. Vejam os exemplos:

Figura 2, linha 2 – "mere"
Figura 2, linha 7 – "modes"
Figura 2, linha 8 – "meddle"
Figura 2, linha 12 – "modes"

Os *m*s e *n*s de H.P.B. seguem um padrão de dentes de serra, os movimentos para cima estando a aproximadamente 30° e os movimentos para baixo a aproximadamente 80° da horizontal. Exemplos são demonstrados em

Figura 6, linha 8 – "musicians," "not"
Figura 7, linha 1 – "moment"
Figura 7, linha 3 – "nonsense"

A diferença é persistente e significativa.

Não creio que é necessário prosseguirmos. Se H.P.B. escreveu as Cartas dos Mahatmas, ela não aperfeiçoou gradualmente seu estilo, como Hodgson mantém. Ela teve que fazer a coisa certa, desde o princípio. Cada vez que ela fazia um *f, g, h, p, n* ou *m*, ela tinha que se lembrar de fazer os contornos corretamente enquanto mantinha a fluência e evitava qualquer reversão ao seu estilo normal. Os documentos de K.H. que examinei na Biblioteca Britânica são fluentes em sua execução e não mostram nenhum sinal de hesitação. Não posso encontrar nenhuma evidência clara que H.P.B. os escreveu e encontro evidência significativa de que ela não escreveu. Não sei quem escreveu as Cartas dos Mahatmas, mas não acho plausível assumir que a Sra. Blavatsky as escreveu – ao menos a grande maioria delas.

Essa é minha Opinião profissional.

A Caligrafia nas Cartas

As Cartas dos Mahatmas mostram vários pontos salientes curiosos. Não estou dizendo que elas são paranormais, mas elas ao menos incitam interesse. Em geral, os documentos parecem ter sido escritos ou com tinta preta, ou lápis azul ou vermelho, em qualquer pedaço de papel que porventura estivesse disponível. Digo, "parecem ter sido escritos," porque eu precisaria de confirmação do laboratório de que as marcas pretas *são* compostas de tinta de escrever do período; e eu gostaria de saber a composição dos lápis – se é que foram usados lápis.

Refiro-me, em primeiro lugar, aos documentos aparentemente escritos com lápis colorido. Em muitos, ainda que não em todos, a caligrafia é construída, não de traços de lápis normais, mas de finas linhas paralelas, numa densidade de cerca de quarenta por polegada e inclinadas cerca de trinta graus da horizontal. Isso continua página após página com a maior regularidade. As linhas são nitidamente definidas, e os espaços entre elas são destituídos de cor, ou são preenchidos com um matiz uniforme azul claro ou cor de rosa. Quando os espaços entre as linhas estão em branco, a caligrafia parece como se tivesse sido feita com uma impressora moderna "jato de tinta" acoplada a um "scanner" eletrônico.[15]

Algo como este efeito pode ser produzido escrevendo com o papel apoiado sobre um papelão estriado; e a Sra. Coulomb

---

[15] [Vide Figura 11 em cores. A extrema regularidade das estrias pode ser checada por meio de réguas de desenho paralelas e de um transferidor - V. H.].

afirmou que era dessa forma que a caligrafia era feita. Não se explica por que uma pessoa iria querer usar um apoio tão desconfortável por nenhuma razão aparente.

Tenho uma grande coleção de lápis coloridos artísticos de quatro marcas diferentes, além de "crayon Conté," carbono, grafite e lápis de louça. Experimentei com uma seleção destes em diferentes papéis apoiados sobre a capa estriada de livros obtidos de minha biblioteca, e não consegui obter o efeito claro e nítido em tantos escritos a lápis dos Mahatmas. Sinais de resistência do lápis, fragmentos de lápis entre as linhas e irregularidade de contorno e de espaçamento das linhas é sempre evidente. Não quero dizer com isso que o efeito não possa ser reproduzido; quero dizer que, até agora, não consegui obtê-lo, apesar de algum esforço.

Os documentos que parecem ter sido escritos com tinta preta são igualmente fascinantes. As marcas escuras parecem estar dentro do papel e não na superfície. É difícil termos certeza disso agora, porque as cartas encadernadas foram laminadas em tecido de arquivo para preservá-las. Temos, portanto, que distinguir entre as fibras do tecido protetor e as fibras do papel das cartas.[16]

O que é certo é que correções foram efetuadas no texto, *com grande cuidado*, apagando-se palavras ou frases inteiras, e escrevendo as correções sobre a área apagada. Essas correções não foram efetuadas esfregando uma borracha apagadora ou raspando com uma faca, porque não há nenhum enfraquecimento local do papel. Parece que um erradicador químico de tinta tenha sido usado; mas a aplicação de reagentes líquidos normalmente perturba as fibras superficiais do papel e deixa leves manchas que são difíceis de erradicar. Sinais desse procedimento não são óbvios. Seria interessante saber, a partir de testes de laboratório, se existem traços de resíduos químicos no papel destas regiões; se não existem, isso pode indicar que as correções foram feitas nos originais dos quais os documentos agora preservados na Biblioteca Britânica são cópias.

[16] Vide Prefácio.

Não é possível responder a essas questões nas condições da Sala de Leitura, utilizando somente um microscópio de bolso. Somente podemos esperar que um dia uma permissão seja concedida para que sejam efetuados os procedimentos (não destrutivos) de laboratório necessários.

Conclusão

Concentrei-me nos aspectos grafológicos do Relatório Hodgson, porque eles formam uma parte importante de sua tese – e, nesse particular, estou atuando em meu território – porém, ainda mais importante, porque tudo o que afirmei pode ser checado de forma independente. Não temos que nos valer do depoimento de testemunhas falecidas há muito tempo. A testemunha aqui – e muito eloquente, por sinal – é o próprio Relatório Hodgson.

Ao prosseguirmos com o exame do Relatório, tornamo-nos cada vez mais conscientes de que, enquanto Hodgson estava preparado para usar qualquer evidência, não importa quão trivial ou questionável, para implicar H.P.B., ele ignorava toda evidência que pudesse ser usada em favor dela. Seu Relatório está impregnado de afirmações tendenciosas, conjecturas apresentadas como fatos ou fatos prováveis, depoimentos não corroborados de testemunhas sem nome, seleção de evidências e falsidades gritantes.

Como investigador, Hodgson foi pesado na balança e não passou no teste. Seu caso contra a Sra. Blavatsky não foi provado.

Não posso exonerar o comitê da SPP da culpa de ter publicado esse péssimo relatório. Seus membros parecem ter feito pouco mais do que endossar as opiniões de Hodgson; e nenhuma tentativa séria foi feita para conferir suas conclusões ou mesmo para ler seu relatório de forma crítica. Se eles tivessem feito isso, seus erros de procedimento, suas inconsistências, seu raciocínio falho e tendencioso, sua hostilidade para com o tema e seu desdém para com o "nativo" e outras testemunhas, teriam se tornado evidentes; e o caso teria retornado para ser mais estudado. A Sra. Blavatsky foi a ocultista mais importante que jamais apareceu diante da SPP para investigação; e nunca a oportunidade foi tão desperdiçada.

Tampouco posso exonerar o antigo Conselho da Sociedade Teosófica por seu fracasso em permitir ao seu fundador uma defesa justa. Eles pareciam preocupados somente em defender sua própria reputação. Fosse ela um impostor ou não, H.P.B. tinha direito a um julgamento justo. Ela nunca teve isso. Se ela tivesse obtido a ajuda legal e especializada que ela implorou, tanto Hodgson como a Sociedade para Pesquisas Psíquicas teriam passado por sérios problemas.

É uma coisa fantástica que Hodgson foi capaz de enganar completamente, não só Netherclift e o Sr. Sims do Museu Britânico, mas também homens e mulheres do calibre de Myers, Gurney e a Sra. Sidgwick – para não mencionar várias gerações de pesquisadores psíquicos desde que o Relatório de 1885 foi publicado.

Em 14 de janeiro de 1886, a Sra. Blavatsky escreveu:

> Não tenho dúvida de que serão expostas, no seu devido tempo, as investigações elaboradas, mas mal direcionadas do Sr. Hodgson, sua afetada precisão, que despende uma paciência infinita em trivialidades e é cega para os fatos importantes, seu raciocínio contraditório e sua incapacidade múltipla para lidar com os problemas que ele procura resolver.
>
> H.P. Blavatsky: *Collected Writings* 7:9

Peço desculpas a ela por termos levado cem anos para demonstrar que ela escreveu a verdade.

PARTE 2

J'Accuse d'autant plus

Um Estudo Adicional Do Relatório Hodgson

PARTE 2

J'Accuse d'autant plus[17]

A Testemunha Especialista

Começo esta parte descrevendo o trabalho da Testemunha Especialista como se aplica nos tribunais ingleses, e com referência especial aos Especialistas em Grafologia.

A Testemunha Especialista é chamada para ajudar o Tribunal em casos em que é necessário conhecimento especializado em algum assunto. Ela *nunca* deveria agir como advogado e seu principal dever é sempre para com o Tribunal e não para com o advogado, pessoa ou organização que o contratou. Se ela for contratada pela Defesa e descobre que tem que dar uma opinião em favor da Acusação, então que assim seja. Ela nunca deveria mudar de opinião sob pressão de seu empregador.

Para serem aceitos no Tribunal, relatórios de testemunhas normalmente têm que adotar o formato da Declaração de Testemunha prescrito pela Seção 9 do Ato de Justiça Criminal de 1967. Ele começa com a declaração:

> Esta afirmação consistindo de __ páginas, cada uma assinada por mim é verdadeira, confiável e de boa fé e torno conhecido que, se ela for apresentada como evidência, poderei ser processado se eu tiver propositadamente afirmado aqui qualquer coisa que eu saiba ser falsa ou que não creia ser verdadeira.

---

[17] Eu acuso muito mais. (N. E.)

Essa declaração tem que ser assinada, datada e testemunhada. Após a declaração, o relatório geralmente continua de acordo com o formato descrito a seguir.

Existem duas partes principais do relatório. A parte A contém quatro seções. A primeira apresenta um esboço das qualificações do Especialista e sua experiência para o trabalho. Ele pode ser questionado sobre isso no Tribunal. A segunda deve dar a identificação precisa dos documentos recebidos para exame. Por exemplo, numa carta, deveria ser dada a data (se conhecida), a quem e por quem a carta tinha sido escrita, e as frases inicial e final. "Uma carta escrita em papel verde" não seria aceitável. A terceira seção deveria indicar as instruções do Especialista – o que exatamente lhe foi pedido fazer. Ele normalmente atuará dentro do escopo dessas instruções. A seção final deveria indicar a Opinião do Especialista, baseada na evidência que lhe foi dada, e uma indicação da força daquela Opinião, indo desde quase certeza a favor ou contra, passando por uma posição neutra ou de "não sei."

Uma Opinião é uma declaração formal das razões para um julgamento feito, um julgamento que seguidamente deve ser baseado em fundamentos beirando a prova. Aqui a declaração deve ser a mais breve e clara possível, deixando as razões detalhadas para a Parte B do relatório. Uma Opinião uma vez emitida deve ser mantida a menos que nova evidência venha a ser conhecida que torne necessária a revisão.

A Parte B do relatório contém as razões detalhadas para a Opinião do Especialista, que ele terá que defender no Tribunal se o relatório for contestado (como o é frequentemente). Nesse caso, ele terá que prestar depoimento pessoalmente e sob juramento. Ele deve estar preparado para aguentar um exame cruzado rigoroso do "outro lado" e, acima de tudo, ele deve controlar seus nervos. Julgamentos em tribunais são altamente contestatórios, mas geralmente sem rancor pessoal. Eles são muito diferentes das discussões acadêmicas.

Às vezes, a Declaração de Testemunha da "Seção 9" não é suficiente, e o relatório tem que ser apresentado por meio de Declaração sob Juramento, redigida e assinada por um advogado, sob juramento, e atada esmeradamente com uma fita azul.

A Testemunha Especialista deveria lembrar-se sempre de que ela não está descrevendo o que acontece quando ácido sulfúrico é vertido sobre zinco: ela está ajudando a que seja feito julgamento de outro ser humano cuja vida pode ser profunda e permanentemente afetada se seu testemunho for descuidado, tendencioso ou falho. Essa é uma enorme responsabilidade, principalmente quando a evidência disponível é escassa ou conflitante. Gostaria que os parapsicólogos se lembrassem de que eles podem estar na mesma posição.

Estou mencionando tudo isso porque é evidente que Hodgson, como Galio,[18] não tinha nenhum interesse nessas coisas. Aceito que o procedimento do Tribunal possa ter sido menos exigente do que é atualmente (apesar de não estar seguro a esse respeito), mas os métodos de Hodgson são imperdoavelmente negligentes e nunca seriam aceitos por um Tribunal nos dias de hoje.

Métodos de Exame

Métodos de exame variam em detalhe de acordo com o examinador, mas alguns princípios básicos são comuns à maioria.

Primeiro, há o "sentimento" pelo escrito como um todo. Hodgson declara:

> A pouca importância que pode ser dada à mera aparência geral de um documento escrito é suficientemente

[18] Atos 18:17.

conhecida pelas pessoas que estão de alguma forma familiarizadas com comparações de caligrafia.

Isso é duramente negado por Charles Hamilton, que, certamente, pode reivindicar alguma experiência no exame de documentos (*In Search of Shakespeare: A Study of the Poet's Life and Handwriting*, Robert Hale, London, 1986, p. 7-8):

> O sentimento da escrita não é nada mais do que a impressão instantânea que ele cria ao olhar prático. Longe de ser um teste amorfo de autenticidade, o sentimento é na verdade o somatório de todo o conhecimento do observador, a fusão da intuição com uma imensa experiência. Depois de o Especialista em documentos ter feito um julgamento baseado no sentimento, sua impressão de fração de segundo pode ser cristalizada por um exame detalhado da caligrafia ...
> O sentimento é o fator chave na comparação de caligrafias ou no julgamento de autenticidade. O examinador ocasional de caligrafia sob questionamento pode ser imune ao sentimento. Ele pode estudar laboriosamente a formação de letras individuais num documento ...
> Alguns dos fatores que contribuem para o sentimento de um manuscrito são: a quantidade de espaço entre palavras e entre as linhas; o tamanho da caligrafia; a naturalidade, ou falta de naturalidade, com que a caligrafia flui; a pressão da caneta na formação dos traços, especialmente dos traços descendentes; a extensão dos traços descendentes, como nos *y*s e *g*s; a legibilidade geral da caligrafia; a posição dos pingos sobre os *i*s e das barras dos *t*s; a espessura dos traços da caneta; e a pressa, ou falta de pressa, com que as palavras e letras são formadas ...
> Uma vez que um manuscrito tenha passado pelo teste

do sentimento, é hora de um exame completo das palavras e letras individuais.

Gostaria de acrescentar à lista de Hamilton: o tamanho das letras maiúsculas em relação às minúsculas; a extensão dos (traços) ascendentes e descendentes em relação ao corpo das letras minúsculas; compressão lateral anormal ou extensão das palavras; estilo, solto ou corrido; consistência e fluência.

Se a caligrafia *parece* errada, ela provavelmente *está* errada; porém, um exame detalhado pode ser necessário para estabelecer *por que* ela está errada. O "sentimento" só é adquirido com a experiência.

Depois do teste do "sentimento," o segundo estágio do exame começa com a caligrafia sendo vista sob aumento, palavra por palavra, letra por letra. O examinador procura determinar o método de execução de letras individuais, a ordem dos traços da caneta e as variações de pressão. Microfotografias efetuadas com uma taxa de aumento de cerca de x4 diâmetros são geralmente informativas e úteis. Devemos nos lembrar de que as diferenças são tão importantes quanto as semelhanças, às vezes mais importantes ainda.

Finalmente, vem a busca de idiossincrasias significativas, geralmente inconscientes, que podem tornar mais segura a identificação de uma caligrafia. Tais idiossincrasias podem ser tão minúsculas como o método de colocar o pingo sobre a letra *i*. Em minha própria caligrafia, a abertura das letras *a, g, o e q* é feita em todos os casos por um movimento *horário* contínuo da caneta. Isso é raro e não é óbvio de imediato.

Concluo esta seção com umas poucas observações importantes. Em geral, é relativamente fácil falsificar uma assinatura à mão livre e de memória. Muito mais difícil é escrever uma página original de uma carta numa caligrafia simulada sem reverter em algum momento à sua prática normal. Mais difícil ainda é escrever página após página de composição original em resposta a questões específicas numa caligrafia simulada e estilo literário, sem reversões à prática normal. Uma ou duas das cartas de K.H. chegam a 16.000 palavras e tratam de assuntos complexos.

Do ponto de vista de um examinador, geralmente é bem fácil dizer que uma composição caligráfica foi forjada: porém, é muito mais difícil dizer *por quem* ela foi forjada. Assegurar que uma pessoa particular foi responsável, excluindo todos os outros, pode ser muito arriscado.

Bem recentemente, em minha própria prática, fui chamado a examinar a caligrafia de uma nota ameaçadora que constava de um caso no Tribunal da Coroa. Como de costume, com provas documentais apresentadas nos Tribunais da Coroa, a nota foi colocada num envelope transparente ao qual foi apensada uma etiqueta de identificação. Os detalhes foram anotados pelo agente de polícia que tinha interrogado a testemunha que havia suprido a prova, sendo que a testemunha havia assinado a etiqueta para autenticá-la. Percebi, para minha surpresa, que a caligrafia do policial era quase idêntica à da nota ameaçadora; mas não havia condições para que o policial fosse responsável pelo crime e a semelhança da caligrafia foi mera coincidência. É inteiramente errôneo, e perigoso, selecionar um suspeito excluindo todos os outros, e então procurar evidência para incriminar aquele suspeito. Isso é o que Hodgson fez e acho seu comportamento imperdoável.

O Relatório Hodgson

Os Fenômenos

Tenho pouco a dizer sobre a primeira seção (de longe a mais extensa) do Relatório Hodgson. Não tenho nenhum meio para dizer se os "fenômenos" atribuídos a H.P.B. eram genuínos ou não. Eu não estava lá naquela época; todas as testemunhas dos fenômenos já morreram há muito tempo; e todas as evidências tangíveis como o "Santuário" foram perdidas ou destruídas. Todo o assunto está envolvido nas brumas da história e da lenda, e não parece provável agora que alguma nova evidência venha a aparecer. Os "fenômenos" poderiam ter sido realizados por truques de prestidigitação: se foram feitos por tais meios, não tenho condições para dizer. Sou, portanto agnóstico no sentido cunhado por T. H. Huxley: "Eu não sei." Felizmente, o valor permanente dos escritos de H.P.B. não depende de "fenômenos."

Tendo dito isso, devo notar a hostilidade de Hodgson com relação a H.P.B. e o desprezo com que todas as testemunhas, exceto duas, foram descartadas, geralmente por razões lúdricas.[19]

---

[19] A primeira carta conhecida de K.H. foi entregue por um "estranho misterioso" cerca de 1870, de acordo com o testemunho da Sra. Fadeyef. Esse testemunho é descartado por Hodgson com a seguinte alegação: "deveríamos nos lembrar de que ela é uma senhora russa, é tia da Sra. Blavatsky, e que a Sra. Blavatsky pode ter sido influenciada por motivos políticos na fundação da Sociedade Teosófica." Acho que é possível que ocasionalmente até mesmo as senhoras russas podem dizer a verdade. A citação vem da página 292 do Relatório Hodgson, sendo que essa nota de rodapé merece ser estudada como exemplo do raciocínio de Hodgson.

As únicas duas testemunhas cuja palavra Hodgson aceita sem questionar são os Coulombs; e se porventura eles não forem confiáveis, o edifício de Hodgson ruirá.

A Caligrafia

As Cartas Blavatsky-Coulomb

Essas cartas são de importância *crucial*, pois se as partes incriminadoras das cartas forem genuínas, elas mostram que H.P.B. estava envolvida em práticas fraudulentas. Se, no entanto, elas forem falsificações, em parte ou na sua totalidade, os únicos outros suspeitos eram os Coulombs; e as fraudes iriam significar que os Coulombs estavam mentindo e que a evidência deles em outros assuntos não era confiável.

Desde que escrevi "J'Accuse," tive a oportunidade de contar com o benefício da pesquisa minuciosa de Michael Gomes com relação ao caso Coulomb[20] e de sua valiosa bibliografia anotada,[21] da qual o capítulo 8 é particularmente relevante para o presente estudo. O trabalho de Beatrice Hastings[22] sobre o panfleto Coulomb[23] não é facilmente disponível, mas é uma leitura essencial.

Infelizmente parece que essas cartas de importância vital foram destruídas. O que sabemos a respeito delas pode ser resumido assim:

Algumas das cartas de H.P.B. para Emma Coulomb (que

[20]GOMES, Michael, O Caso Coulomb 1884-1984, *The Theosophist*, dezembro 1984, janeiro 1985, fevereiro 1985, p. 95-102, 138-47, 178-86.

[21]GOMES, Michael, *Theosophy in the Nineteenth Century: An Annotated Bibliography,* Garland Reference Library of Social Sciences, Vol. 532 (Religious Information Systems vol. 15), Garland Publishing, Nova Iorque & Londres, 1994.

[22]HASTINGS, Beatrice, *Defesa da Sra. Blavatsky*, vol. 1 & 2, The Hastings Press, Worthing, Inglaterra, 1937.

[23]COULOMB, Emma, *Uma Descrição de Meu Relacionamento com a Sra. Blavatsky de 1872-1884,* Higginbotham & Co., Madras, 1884.

devem ter sido numerosas) continham passagens curtas passando por instruções a EC para produzir fenômenos fraudulentos.

Muito poucos teosofistas (nem mesmo a própria H.P.B.) tiveram permissão para examinar essas cartas. O Gen. H. R. Morgan, que fez a inspeção de uma que se referia a ele, declarou que ela era uma falsificação.[24]

Nenhum fac-símile dessas cartas foi publicado por Hodgson, que apresentou as mais fúteis razões por não os ter publicado.

A testemunha chave nesse caso é Netherclift, cujas qualificações e experiência não fui capaz de descobrir. Seu relatório, como publicado por Hodgson, é mutilado, sendo uma parte cortada, e ele apresenta duas datas. Como indicado, alguns dos documentos das listas de Netherclift não podem ser identificados, e aqueles que podem ser identificados não são incriminadores. Alguns são meros envelopes. Em seu relatório, Hodgson coloca asteriscos em alguns extratos de documentos que ele diz ter enviado a Netherclift para exame, mas é difícil reconciliar os itens com asteriscos com a lista de Netherclift.

Um segundo grupo de documentos não identificado foi enviado a Netherclift, que os retornou com um *endosso no envelope contendo-os* no sentido de que todos eles tinham sido escritos com a caligrafia de H.P.B. O envelope poderia ter contido a lista de lavanderia de H.P.B. até prova em contrário.

Tenho alguma informação sobre o Sr. Sims do Museu Britânico.[25] Ele parece ter servido meramente para referendar as decisões de Netherclift. Nenhum relatório escrito é reproduzido por Hodgson.

Parece que Hodgson nunca examinou a caligrafia de Alexis Coulomb. Ela era muito semelhante a de H.P.B.[26] Quando

---

[24]Resposta de H.P. Morgan a um Relatório de um Exame da Correspondência de Blavatsky por J.D.B. Gribble, Ootacamund, 1884.

[25]Vide Parte 1, p. 12.

[26]Vide Parte 1, p. 35, 36.

escrevi "J'Accuse" eu não estava ciente de que isso era bem conhecido dos teosofistas. Dizia-se que, ao menos numa ocasião, Coulomb apresentou instruções fraudulentas de H.P.B. "como brincadeira."[27]

O último recipiente conhecido das cartas foi Elliot Coues, que as comprou para sua defesa num processo.[28] Caso fossem genuínas, elas teriam oferecido uma evidência de peso em seu favor. Ele não as utilizou. A morte de H.P.B. pôs um fim ao processo, mas um ano depois o *New York Sun* publicou um editorial de retratação.[29]

O cheque pelas cartas foi preservado nos papéis de Coues[30], mas as cartas não foram encontradas apesar da busca diligente por elas por parte de Anita Atkins e outros.[31]

Depois da morte de Coues, uma parte da correspondência de Blavatsky foi queimada pelo herdeiro de Coues.[32]

Não é provável que algum dia sejamos capazes de submeter as partes incriminadoras dessas cartas a um exame independente, mas a evidência circunstancial de que elas foram forjadas por Alexis Coulomb é muito forte. Ele tinha tanto o motivo como a habilidade para fazer isso. Não posso acreditar que Coues não teria usado as cartas para prejudicar H.P.B. se elas fossem genuínas. Talvez Coues, entendendo que elas não tinham nenhuma utilidade para ele, fez com que fossem destruídas para não permitir que elas passassem para as mãos dos seguidores de Blavatsky.

---

[27] CRANSTON, Sylvia, *H.P.B.: A Vida Extraordinária e Influência de Helena Blavatsky*, Editora Teosófica, Brasília, 1977, p. 288-300.

[28] GOMES, Michael, "Testemunha da Acusação: o Depoimento de Annie Besant em favor de H.P. Blavatsky no Processo Litigioso do *New York Sun*/Coues," Occasional Paper, *Theosophical History*, Fullerton, CA, 1993.

[29] CRANSTON, Sylvia, *H.P.B. Texto* de retratação reproduzido no livro da Cranston.

[30] CRANSTON, Sylvia, *H.P.B.*

[31] Informação de Anita Atkins. Vide Parte 1, p. 9-10.

[32] Informação de Walter A. Carrithers. Vide Parte 1, p. 10.

As Cartas dos Mahatmas

Felizmente a maior parte das Cartas dos Mahatmas está preservada na Biblioteca Britânica, onde foram depositadas pelos executores do testamento de Sinnett. Elas estão disponíveis para estudo, mediante solicitação, no Departamento de Manuscritos (Manuscritos Adicionais 45284, 45285 e 45286). Elas Constituem Evidência Primária. Existem, no entanto, dificuldades para examiná-las na Biblioteca Britânica. As cartas estão encadernadas em três volumes pesados e volumosos de forma que a comparação lado a lado de diferentes cartas é geralmente impraticável ou impossível. Por boas razões as pessoas não têm permissão para usar caneta, lápis ou instrumentos de desenho na sala de leitura. Fotografia é proibida. Somente o uso de uma lente de aumento é permitido. Mesmo um microscópio de bolso de magnificação x30 foi visto com desconfiança pelos responsáveis pela biblioteca e teve que ser colocado discretamente em meu bolso. Para aqueles que vivem fora da área de Londres, o trabalho na Biblioteca Britânica pode ser demorado e custoso.

Graças à Sociedade Teosófica com sede internacional em Pasadena, Califórnia, recebi emprestado, por vários anos, um valioso conjunto de 1.323 *slides* coloridos da coleção completa das Cartas dos Mahatmas da Biblioteca Britânica, e tive assim a possibilidade de estudá-las em detalhe pelo tempo que julguei necessário. Agora posso dizer muito mais sobre as Cartas do que foi possível em "J'Accuse."

O texto das Cartas foi publicado por Barker.[33] Ele inclui cartas, fragmentos e endossos de K.H. (108), M. (26), H.P.B. (9), Subba Row (3, uma com comentários adicionais de K.H.),

[33]BARKER, A. Trevor, ed., *The Mahatma Letters to A. P. Sinnett,* 2ª Edição facsimile (1926), Theosophical University Press, Pasadena, 1994; 3ª Edição Revista, The Theosophical Publishing House, Adyar, Madras, 1962; [HAO CHIN, Vicent, Jr., *The Mahatma Letters to A. P. Sinnett in chronological sequence*, Manila: Theosophical Publishing House, 1993; essa edição de 1993 foi publicada no Brasil como *As Cartas dos Mahatmas Para A. P. Sinnett* em dois volumes, Editora Teosófica (2001). (N. E.)

A. Hume (2), A. P. Sinnett (2), o "Deserdado" (1), Stainton Moses (1) e Damodar (1). As cartas valem a pena serem lidas por seu próprio mérito, mas são difíceis de seguir porque os assuntos podem ser apresentados sem nenhuma ordem particular e elas podem ser respostas a perguntas não registradas. K.H. tende a ser discursivo e se estender; e ele pode frequentemente começar a responder uma pergunta e, antes de ir muito longe, deter-se para responder outra pergunta (não formulada).

A leitura dos *slides* foi tediosa e consumiu muito tempo. Para obter o detalhe requerido, cada um dos 1.323 *slides* foi examinado sob microscópio numa magnificação de x50, usando o estágio mecânico do microscópio para escanear o texto linha por linha. Depois de uma hora deste procedimento era necessário descansar.

O papel usado para as Cartas parece ter sido qualquer pedaço que estivesse disponível. De acordo com K.H., papel era um bem escasso e todos os pedaços disponíveis eram usados, até mesmo partes deixadas em branco por um correspondente anterior. Parte do papel era da espessura de "papel de arroz."

A tinta apresenta alguns problemas. Ela não desbotou como as tintas de escrever ordinárias do período, que no curso de um século esmaecem tornando-se marrom e amarela até a completa invisibilidade. Essas tintas permaneceram legíveis e parecem como se tivessem sido confinadas a uma camada fina na superfície do papel. Houve pouco "trespasse."[34] Esse é um termo usado na indústria gráfica para indicar a penetração da tinta através dos poros do papel até o reverso do papel. As tintas de escrever vitorianas costumavam penetrar até o outro lado de papel fino, tornando a caligrafia no reverso impossível (vide Parte 1, Figuras 10a e 10b).

Negociações com os Curadores das Cartas para testar essas tintas de forma não destrutiva por uma universidade para identificar sua composição química não surtiram efeito; e agora que

[34] *Strike through*, no original. (N.T.)

os papéis foram reforçados por confinamento entre folhas de tecido de arquivo, uma pesquisa adicional sobre esse problema parece ser impossível.

Lápis azul: um problema complicado é a caligrafia que parece ser em lápis ou crayon azul. Boa parte dessa caligrafia (mas não toda) tem uma estrutura estriada, nítida, clara, lembrando um céu coberto por formações de nuvens cirro-cúmulos. Ela parece ter sido feita por um *scanner* de linha moderno de precisão (vide Figura 11). Para mim, a razão para esse método de produção permanece um mistério. Emma Coulomb teria dito que o efeito foi o resultado da caligrafia com o papel colocado sobre capas de livros. Não posso compreender por que uma pessoa poderia querer escrever com o papel apoiado sobre papel de encadernação; seja lá como for, eu não consegui o efeito escrevendo dessa maneira. As irregularidades do papel de encadernação e o acúmulo de pigmentos nas faixas que deveriam permanecer limpas tornam-se imediatamente evidentes. Esse feito notável da caligrafia foi ignorado pela maioria dos escritores sobre o assunto das Cartas dos Mahatmas que chegou ao meu conhecimento.

Correções: Um outro aspecto adicional das cartas de K.H. é que correções foram feitas no texto com muito cuidado. Essas correções geralmente envolvem a rasura de palavras inteiras, ou mesmo de frases inteiras, e a escrita das correções sobre a rasura. As rasuras não foram feitas com a utilização de uma borracha de apagar nem com a raspagem por meio de uma faca, pois não houve nenhum enfraquecimento local do papel. Parece como se um erradicador de tinta químico tivesse sido usado; mas a aplicação de reagentes líquidos geralmente perturba as fibras da superfície do papel e deixa leves manchas que são difíceis de remover. Seria útil saber a partir de testes de laboratório se existem traços de resíduos químicos nesses lugares. Se não existem, pode ser que as correções tenham sido feitas nos *originais*, dos quais as Cartas preservadas na Biblioteca Britânica são cópias. Não conhecendo nada sobre o método de transmissão dessas Cartas, não sei se esta sugestão é plausível.

A história dessas Cartas e referências abundantes foram apresentadas por Gomes.[35] A última carta que se crê ter vindo de K.H. foi recebida em 1900 por Annie Besant. Tenho agora uma fotocópia dessa carta e minha opinião é que ela é uma boa simulação da caligrafia de K.H., porém é uma falsificação. [Vide Prefácio, p. xi. (N.E.)] O estilo literário não é semelhante ao de K.H.

As Qualificações de Hodgson, Netherclift e Sims

Neste ponto, é pertinente perguntarmos sobre as qualificações e experiência de Hodgson como examinador de documentos questionáveis. Os registros não esclarecem se ele tinha as qualificações para o trabalho ou a experiência. Ao contrário, seus métodos sugerem que ele não era treinado, mas era ilógico e tinha pouco senso de justiça. A Sra. Blavatsky expressa bem quando se refere às –

> Investigações elaboradas, porém mal dirigidas, do Sr. Hodgson, sua precisão afetada, que despende paciência infinita com coisas insignificantes e que é cega para os fatos importantes, seu raciocínio contraditório e sua incapacidade manifesta para lidar com os problemas que ele procurou resolver ...
>
> *H.P. Blavatsky: Collected Writings 7:9*

As opiniões relatadas de Netherclift e Sims devem ser desconsideradas sempre que se referirem às Cartas dos Mahatmas. Eu repito: não temos nenhum relatório *escrito e assinado* de

[35] GOMES, Michael, "The Coulomb Case 1884-1984." *The Theosophist,* dezembro 1984, janeiro 1985, fevereiro 1985, p. 95-102, 138-47 e 178-86.

nenhum deles, somente a versão de Hodgson do que ele diz que eles lhe disseram. Os documentos submetidos a eles não podem ser identificados. Eles mudaram de opinião sob pressão de Hodgson. Finalmente, e muito importante, nenhum outro suspeito, a não ser H.P.B., foi considerado. Nenhum Tribunal aceitaria tal testemunho.

Os Manuscritos de K.H.

Vamos agora examinar as principais características desta série de manuscritos.

Características gerais: As seguintes características gerais são encontradas ao longo de toda a série:

A caligrafia tem uma inclinação para frente de cerca de 30° em relação à vertical.

A altura do corpo das letras minúsculas (excluindo as que ascendem ou descendem) é notavelmente uniforme. Vamos chamar esta altura de A.

As que ascendem elevam-se a uma altura de cerca de 2A acima da linha de base, e as que descendem estendem-se por cerca de 1A abaixo da linha de base.

O espaço entre linhas é cerca de 3½A.

A altura das maiúsculas é cerca de 3A.

O espaço entre palavras é cerca de 2A.

A caligrafia é fluente, sem pressa e feita cuidadosamente.

A pressão é constante de palavra a palavra.

A barra dos *t*s é uma característica proeminente. Elas são longas, às vezes excessivamente longas, com uma leve ascensão em direção à direita.

Os pingos sobre os *i*s são cuidadosamente colocados perto da projeção para cima da haste do *i*.

Caracteres estáveis que persistem ao longo da série: Existem umas poucas letras altamente características que são encontradas desde o início e persistem ao longo de toda a série de K.H. Elas são:

- *h* que parece como *li* sem um pingo, portanto .
- *p* que geralmente se parece com um grampo de cabelo com a haste direita encurtada e tendo uma pequena curva para baixo acrescentada à extremidade, portanto .
- *n* com sua forma de "grinalda" com uma curva bem acentuada, que o torna indistinto do *u*, e
- *x* que assume a forma elizabeteana de .

Caracteres variáveis nos manuscritos iniciais: O resto das letras é razoavelmente estável com a exceção de cinco: *f, g, k, t* e *y*. Essas exibem uma variedade de formas nas primeiras Cartas, mas elas estabilizaram-se rapidamente no curso de umas poucas semanas.

Lembro agora a Primeira Proposição Cardinal de Hodgson:

> Que existem sinais claros de desenvolvimento na caligrafia de K.H., com várias semelhanças marcantes com a caligrafia ordinária da Sra. Blavatsky sendo gradualmente eliminadas.

Escrevendo a respeito das primeiras cartas recebidas pelo Sr. Sinnett (Carta 1 do livro de Barker, nossa Figura 12), Hodgson declara:

> Nesta, que foi recebida cerca de outubro de 1880, os traços do trabalho da Sra. Blavatsky são numerosos e conspícuos e, a partir de então, o desenvolvimento gradual

> das características convencionais de K.H., e a eliminação gradual de muitas peculiaridades da Sra. Blavatsky, tornam-se claramente manifestas. Os escritos de K.H., que tinham sido submetidos ao Sr. Netherclift (para serem examinados), foram escritos depois que a Sra. Blavatsky havia tido anos de prática.

Essas declarações estão em clara contradição com a evidência direta que foi preservada para nós, incluindo o próprio Relatório Hodgson. Vamos examinar agora algumas das Cartas de K.H. em detalhe.

LÂMINAS

Figuras 11 – 22

Reproduzidas com a permissão da Biblioteca Britânica
Manuscritos (MSS) Adicionais 45284, 45285, 45286
(Cartas dos Mahatmas)

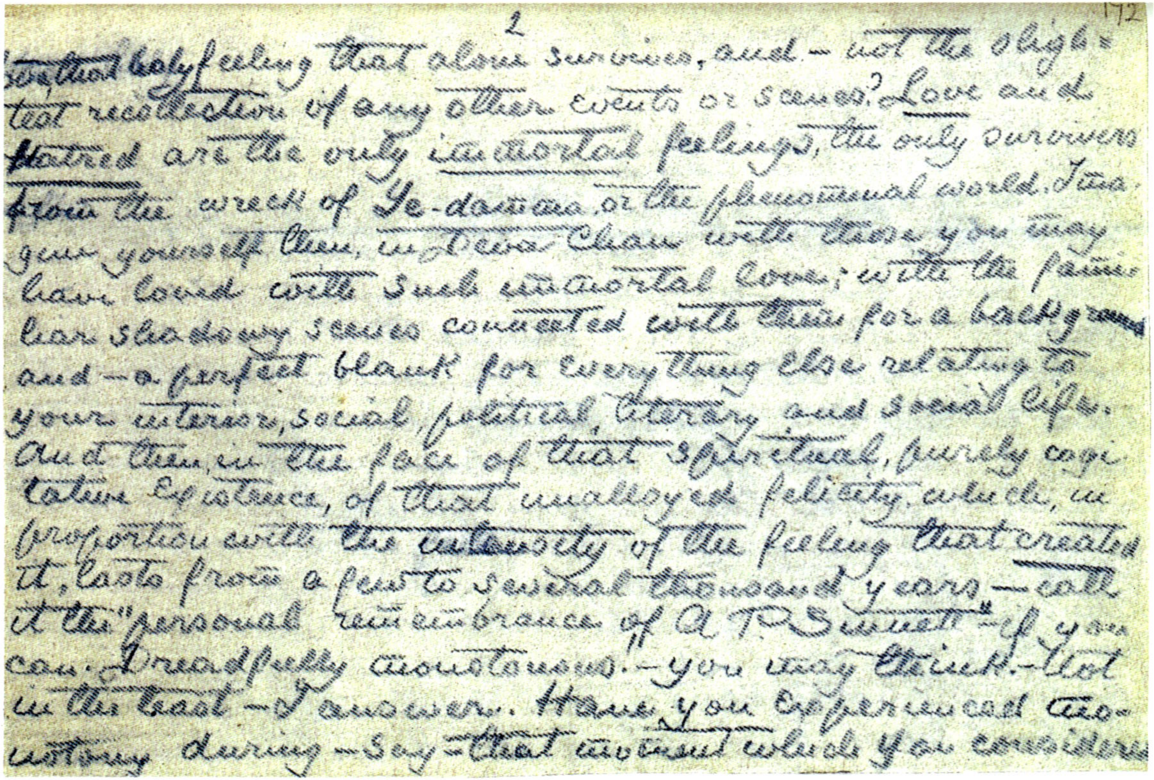

172

2

that holy feeling that alone survives, and — not the slight-
est recollection of any other events or scenes? Love and
Hatred are the only immortal feelings, the only survivors
from the wreck of Ye-damma, or the phenomenal world. Ima-
gine yourself then, in Devachan with those you may
have loved with such immortal love; with the fami-
liar shadowy scenes connected with them for a background
and — a perfect blank for everything else relating to
your interior, social, political, literary and social life.
And then, in the face of that spiritual, purely cogi-
tative existence, of that unalloyed felicity which, in
proportion with the intensity of the feeling that created
it, lasts from a few to several thousand years — call
it the "personal remembrance of A. P. Sinnett" — if you
can. Dreadfully monotonous! — you may think. — Not
in the least — I answer. Have you experienced mo-
notony during — say — that moment which you considered

Figura 11: Carta 20c, recebida em agosto de 1882, caligrafia de K.H., aproximadamente 8¼" x 5½" (escala 90%), vide p. 41, 60, 108.

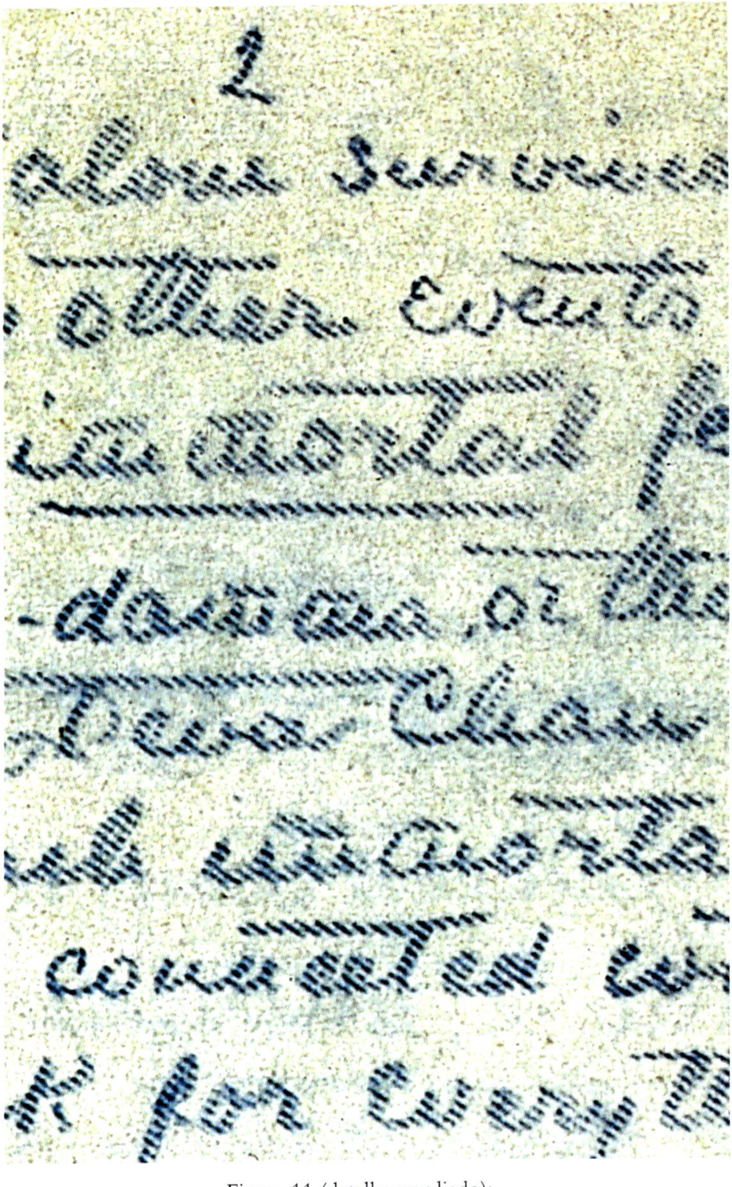

Figura 11 (detalhe ampliado):
Carta 20c, recebida em agosto de 1882, caligrafia de K.H., escala aprox. 270%, vide p. 41, 60, 108.

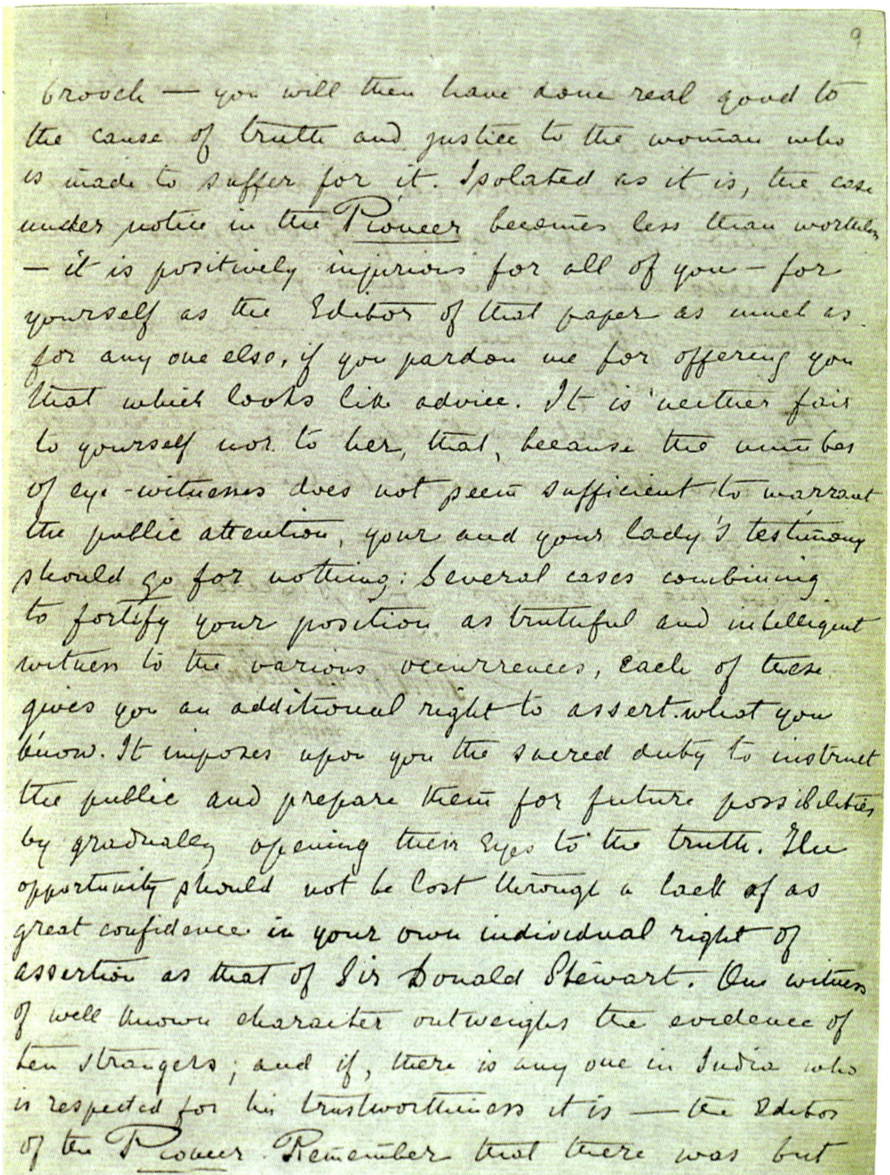

9

brooch — you will then have done real good to the cause of truth and justice to the woman who is made to suffer for it. Isolated as it is, the case under notice in the Pioneer becomes less than worthless — it is positively injurious for all of you — for yourself as the Editor of that paper as much as for any one else, if you pardon me for offering you that which looks like advice. It is neither fair to yourself nor to her, that, because the number of eye-witnesses does not seem sufficient to warrant the public attention, your and your lady's testimony should go for nothing: Several cases combining to fortify your position as truthful and intelligent witness to the various occurrences, each of these gives you an additional right to assert what you know. It imposes upon you the sacred duty to instruct the public and prepare them for future possibilities by gradually opening their eyes to the truth. The opportunity should not be lost through a lack of as great confidence in your own individual right of assertion as that of Sir Donald Stewart. One witness of well known character outweighs the evidence of ten strangers; and if, there is any one in India who is respected for his trustworthiness it is — the Editor of the Pioneer. Remember that there was but

Figura 12:
Carta 1, recebida cerca de 15 de outubro de 1880, caligrafia de K.H., 8¼" x 10¼" (escala 65%), vide p. 81.

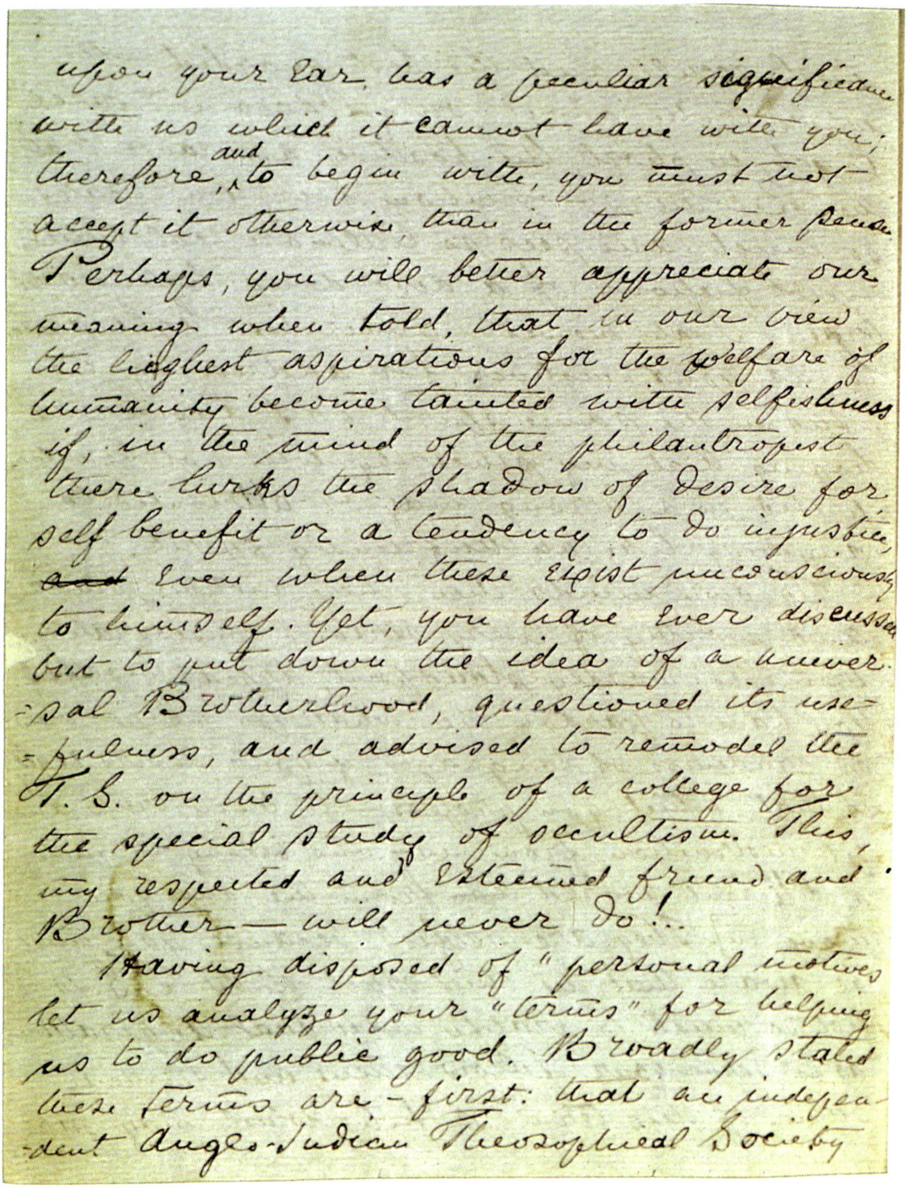

upon your ear has a peculiar significance
with us which it cannot have with you;
therefore, and to begin with, you must not
accept it otherwise than in the former sense.
Perhaps, you will better appreciate our
meaning when told, that in our view
the highest aspirations for the welfare of
humanity become tainted with selfishness
if, in the mind of the philantropist
there lurks the shadow of desire for
self benefit or a tendency to do injustice,
~~and~~ even when these exist unconsciously
to himself. Yet, you have ever discussed
but to put down the idea of a univer-
-sal Brotherhood, questioned its use-
-fulness, and advised to remodel the
T.S. on the principle of a college for
the special study of occultism. This,
my respected and esteemed friend and
Brother — will never do!..
Having disposed of "personal motives"
let us analyze your "terms" for helping
us to do public good. Broadly stated
these terms are, — first: that an indepen-
-dent Anglo-Indian Theosophical Society

Figura 13:
Carta 2, recebida em 19 de outubro de 1880, caligrafia de K.H., 8¼" x 10¼"
(escala 65%), vide p. 82.

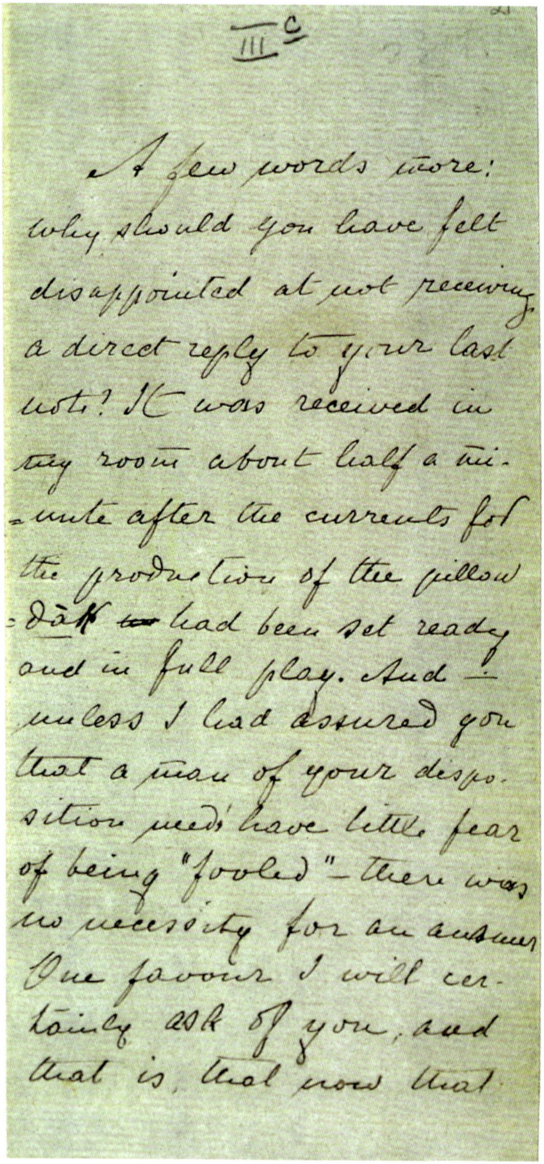

III c

A few words more:
why should you have felt
disappointed at not receiving
a direct reply to your last
note? It was received in
my room about half a mi-
-nute after the currents for
the production of the pillow
-dâk ~~to~~ had been set ready
and in full play. And —
unless I had assured you
that a man of your dispo-
sition needs have little fear
of being "fooled" — there was
no necessity for an answer
One favour I will cer-
tainly ask of you, and
that is, that now that

Figura 14:
Carta 3c, recebida cerca de 20 de outubro de 1880, caligrafia de K.H., 4¼" x 7½" (escala 100%), vide p. 83.

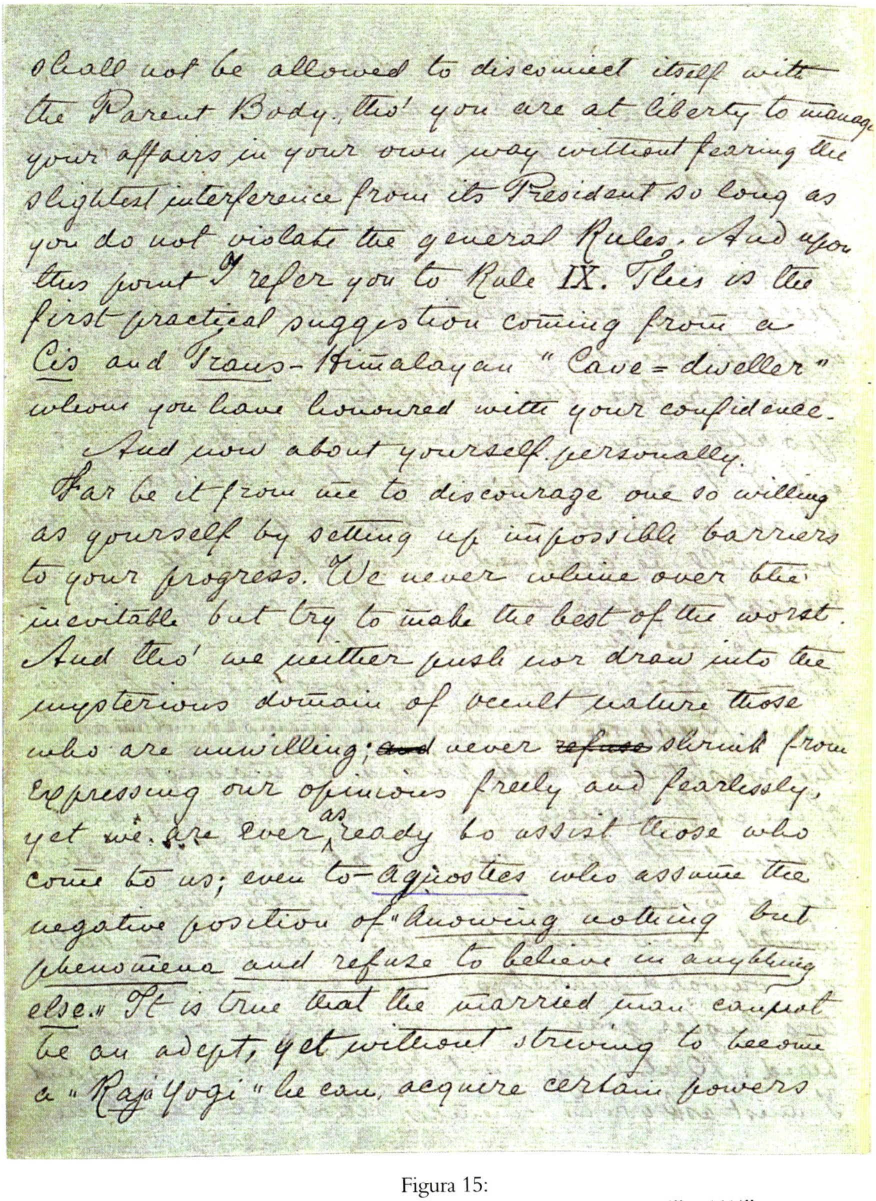

shall not be allowed to disconnect itself with the Parent Body, tho' you are at liberty to manage your affairs in your own way without fearing the slightest interference from its President so long as you do not violate the general Rules. And upon this point I refer you to Rule IX. This is the first practical suggestion coming from a Cis and Trans-Himalayan "Cave-dweller" whom you have honoured with your confidence.

And now about yourself personally.

Far be it from me to discourage one so willing as yourself by setting up impossible barriers to your progress. We never whine over the inevitable but try to make the best of the worst. And tho' we neither push nor draw into the mysterious domain of occult nature those who are unwilling; ~~and~~ never ~~refuse~~ shrink from expressing our opinions freely and fearlessly, yet we are ever as ready to assist those who come to us; even to agnostics who assume the negative position of "knowing nothing but phenomena and refuse to believe in anything else." It is true that the married man cannot be an adept, yet without striving to become a "Raj Yogi" he can acquire certain powers

Figura 15:
Carta 4, datada 29 de outubro de 1880, caligrafia de K.H., 8¼" x 10¼" (escala 65%), vide p. 83.

They touch man's true position in the universe, in relation to his previous and future births; his origin and ultimate destiny; the relation of the mortal to the immortal; of the temporary to the Eternal; of the finite to the Infinite; ideas larger, grander, more comprehensive, recognizing the universal reign of Immutable Law, unchanging and unchangeable in regard to which there is ~~but~~ only an Eternal Now, while to uninitiated mortals time is past or future, as related to their finite Existence on this material speck of dirt. This is

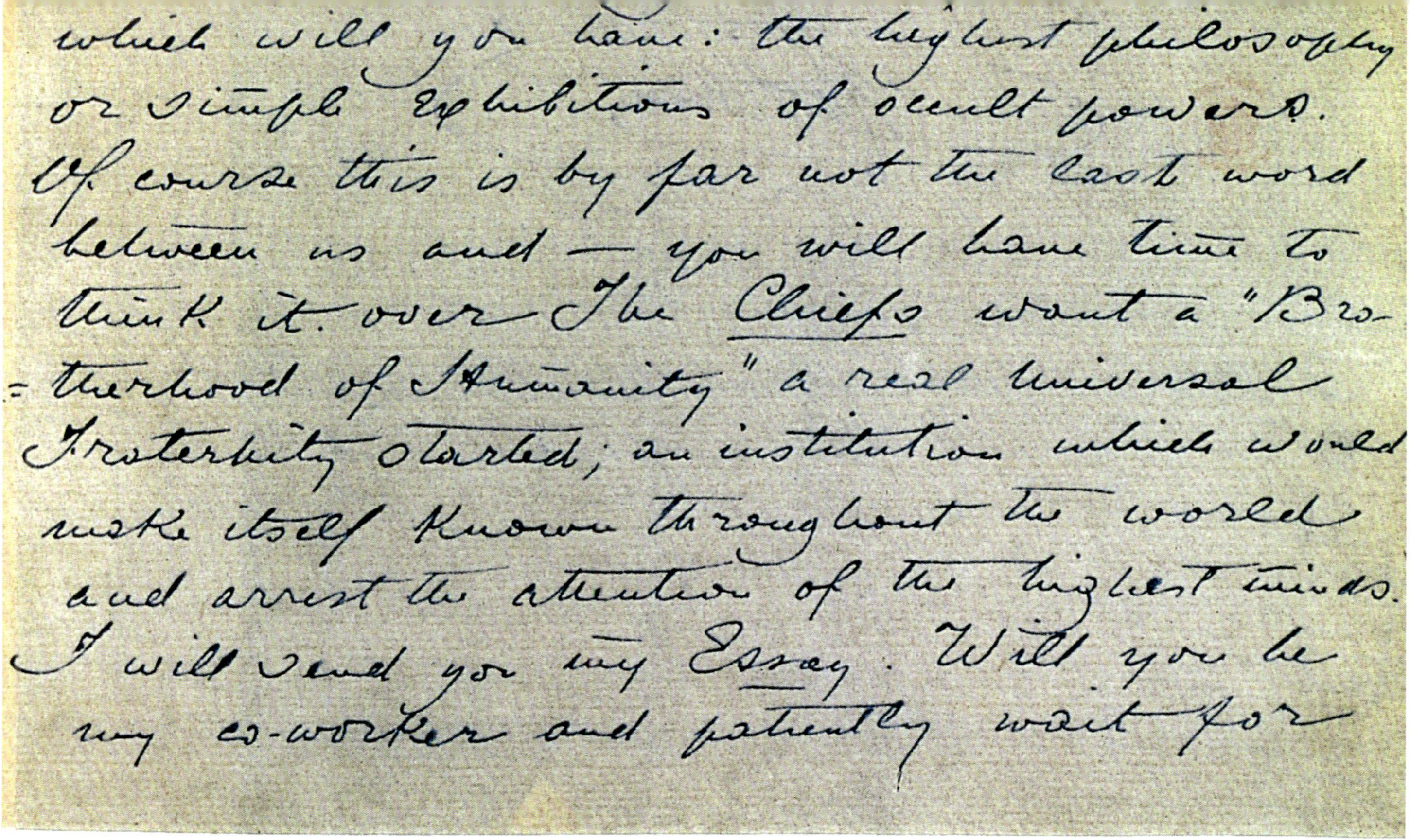

which will you have: the highest philosophy
or simple exhibitions of occult powers.
Of course this is by far not the last word
between us and — you will have time to
think it over. The Chiefs want a "Bro-
=therhood of Humanity" a real Universal
Fraternity started; an institution which would
make itself known throughout the world
and arrest the attention of the highest minds.
I will send you my Essay. Will you be
my co-worker and patiently wait for

Figura 16:
Carta 6, recebida cerca de 10 de dezembro de 1880, caligrafia de K.H., 8½" x 10½" (escala 100%), vide p. 84

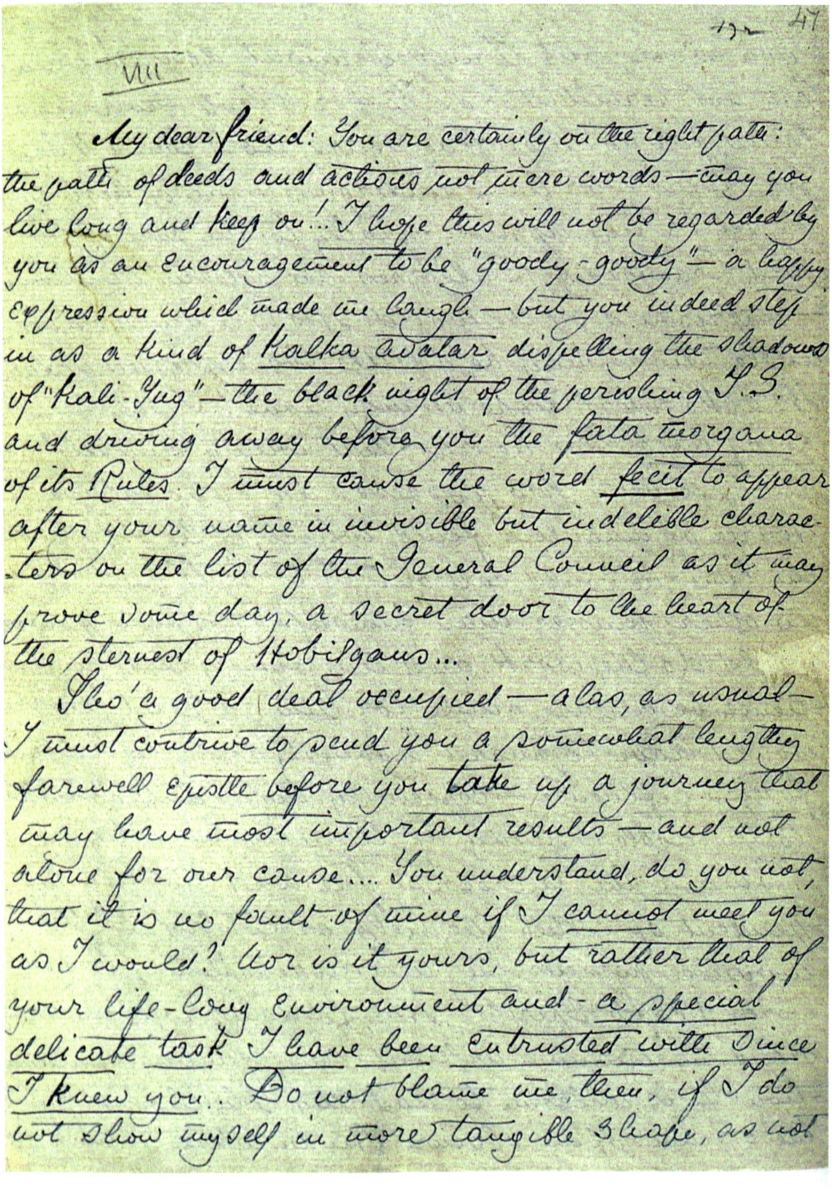
172 47

VIII

My dear friend: You are certainly on the right path: the path of deeds and actions not mere words — may you live long and keep on!.. I hope this will not be regarded by you as an encouragement to be "goody-goody" — a happy expression which made me laugh — but you indeed step in as a kind of Kalka avatar dispelling the shadows of "Kali-Yug" — the black night of the perishing T.S. and driving away before you the fata morgana of its Rules. I must cause the word fecit to appear after your name in invisible but indelible characters on the list of the General Council as it may prove some day, a secret door to the heart of the sternest of Hobilgans...

Tho' a good deal occupied — alas, as usual — I must contrive to send you a somewhat lengthy farewell epistle before you take up a journey that may have most important results — and not alone for our cause.... You understand, do you not, that it is no fault of mine if I cannot meet you as I would? Nor is it yours, but rather that of your life-long environment and — a special delicate task I have been entrusted with since I knew you. Do not blame me, then, if I do not show myself in more tangible shape, as not

Figura 17:
Carta 8, recebida cerca de 20 de fevereiro de 1881, caligrafia de K.H., 8½" x 10½" (escala 63%), vide p. 85.

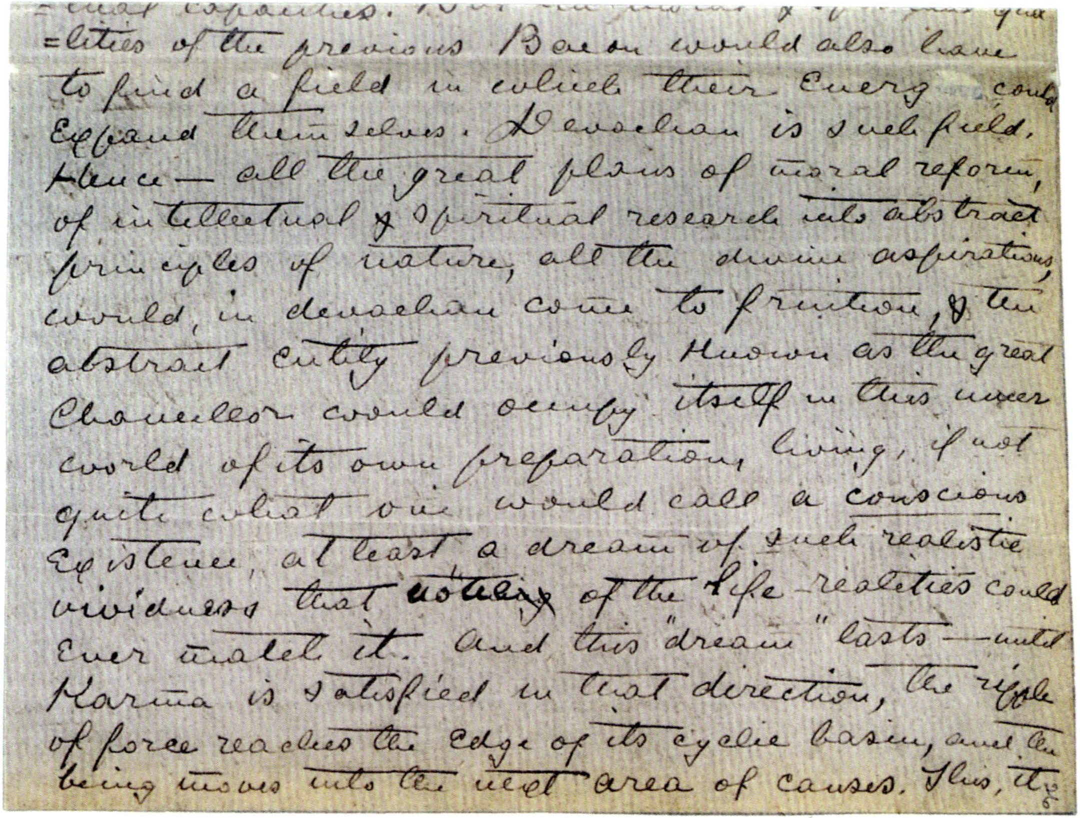

=ual capacities. But the [illegible] qua
=lities of the previous Bacon would also have
to find a field in which their energies could
expand themselves. Devachan is such field.
Hence — all the great plans of moral reform,
of intellectual & spiritual research into abstract
principles of nature, all the divine aspirations,
would, in devachan come to fruition, & the
abstract entity previously known as the great
Chancellor would occupy itself in this inner
world of its own preparation, living, if not
quite what one would call a conscious
existence, at least a dream of such realistic
vividness that none of the life-realities could
ever match it. And this "dream" lasts — until
Karma is satisfied in that direction, the ripple
of force reaches the edge of its cyclic basin, and the
being moves into the next area of causes. This, it

Figura 18: Carta 25, recebida em 2 de fevereiro de 1883, caligrafia de K.H., aprox. 8¼" de largura (escala 85%), vide p. 85.

And now for a few parting words of explanation. O.'s memo—which produced such disastrous results & a most unique quiproquo was written on the 27th. On the night of the 25th, my beloved brother told me, that having heard Mr. Sinnett say in H.P.B.'s room that he had never himself heard O state to him that, he, O. had personally seen us, and also had heard add, that were Olcott to tell him so, he had confidence enough in the man to believe in what he said,—he, K.H. thought of asking me to go & tell O, to do so; believing it might please Mr Sinnett to learn some of the details. K.H. wishes are—law to me. And that is why Mr Sinnett received that letter from O., at a time when his doubts were already settled. At the same time as I delivered my message to O. I satisfied his curiosity as to your

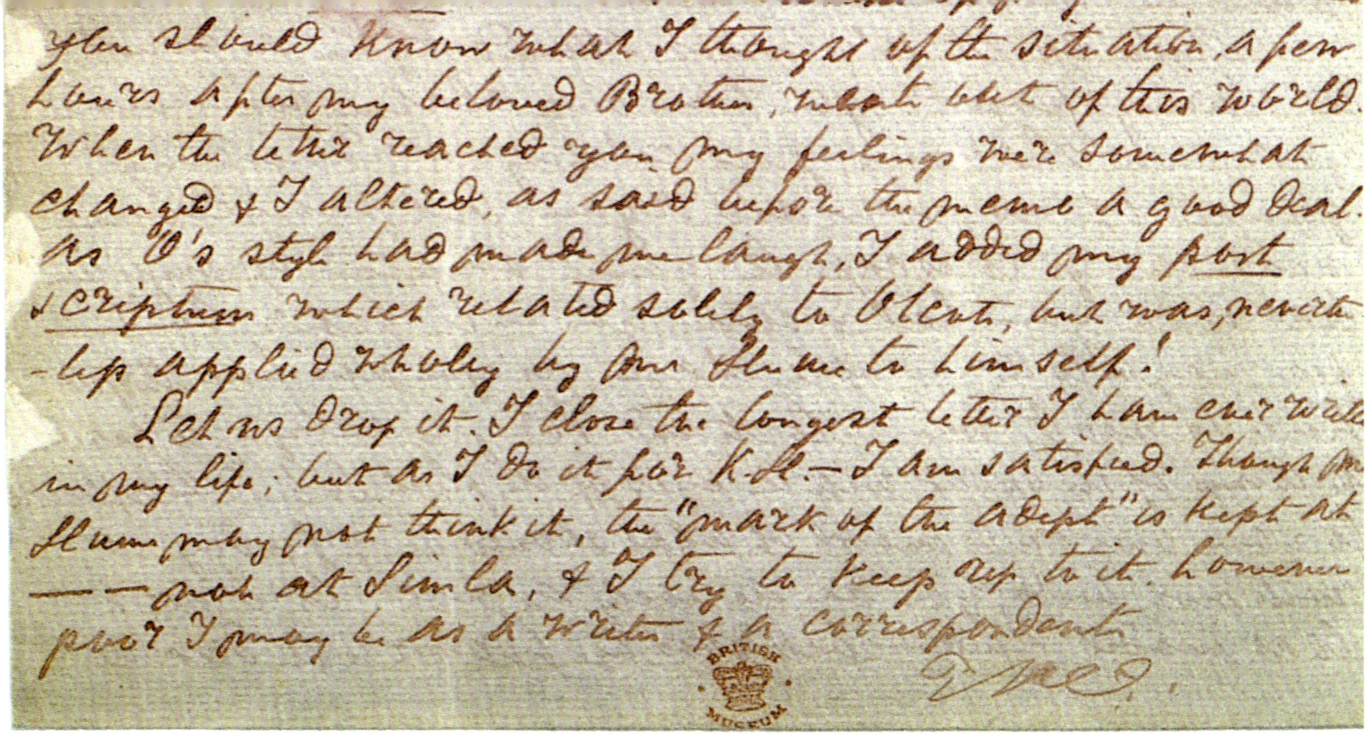
you should know what I thought of the situation a few hours after my beloved Brother went out of this world. When the letter reached you my feelings were somewhat changed & I altered, as said before the memo a good deal. As O's style had made me laugh, I added my post scriptum which related solely to Olcott, but was, neverthe-less applied wholly by Mr Hume to himself!

Let us drop it. I close the longest letter I have ever written in my life; but as I do it for K.H. — I am satisfied. Though Mr Hume may not think it, the "mark of the adept" is kept at — — not at Simla, & I try to keep up to it however poor I may be as a writer & a correspondent.

M.

Figura 19:
Carta 29, sem data, caligrafia de M., escala aproximada de 100%, vide p. 89.

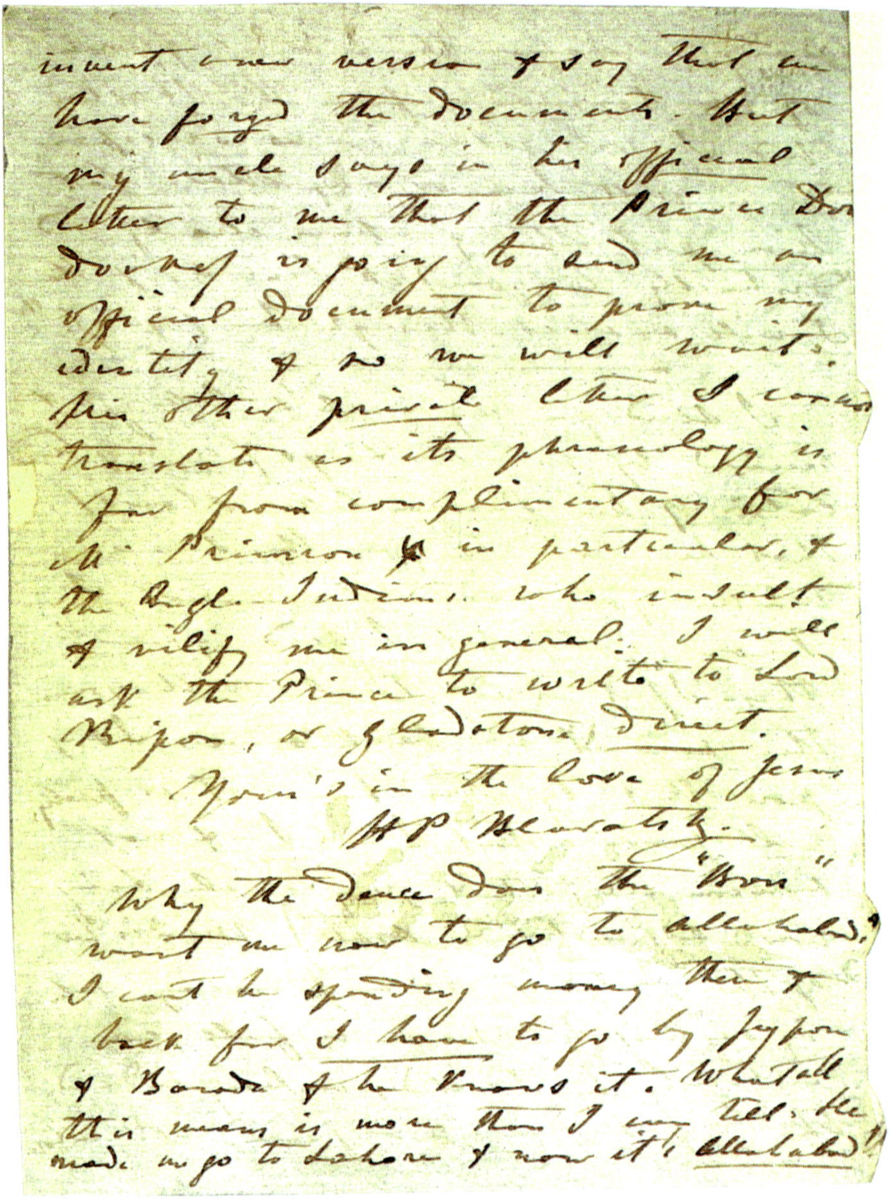

invent a new version & say that we
have forged the documents. But
my uncle says in his official
letter to me that the Prince Don
doukoff is going to send me an
official document to prove my
identity & so we will wait.
His other private letter I cannot
translate as its phraseology is
far from complimentary for
Mr Primrose & in particular, &
the Anglo-Indians who insult
& vilify me in general. I will
ask the Prince to write to Lord
Ripon, or Gladstone direct.

Yours in the love of Jesus
H P Blavatsky.

Why the deuce does the "Boss"
want me now to go to Allahabad?
I can't be spending money there &
back for I have to go by Jeypore
& Baroda & he knows it. What all
this means is more than I can tell. He
made me go to Lahore & now it's Allahabad!!

Figura 20:
Carta 134, datada dia 4, sexta-feira, de Dehra Dun, caligrafia de H.P.B., 5¼" x 8¼" (escala 89%), vide p. 91.

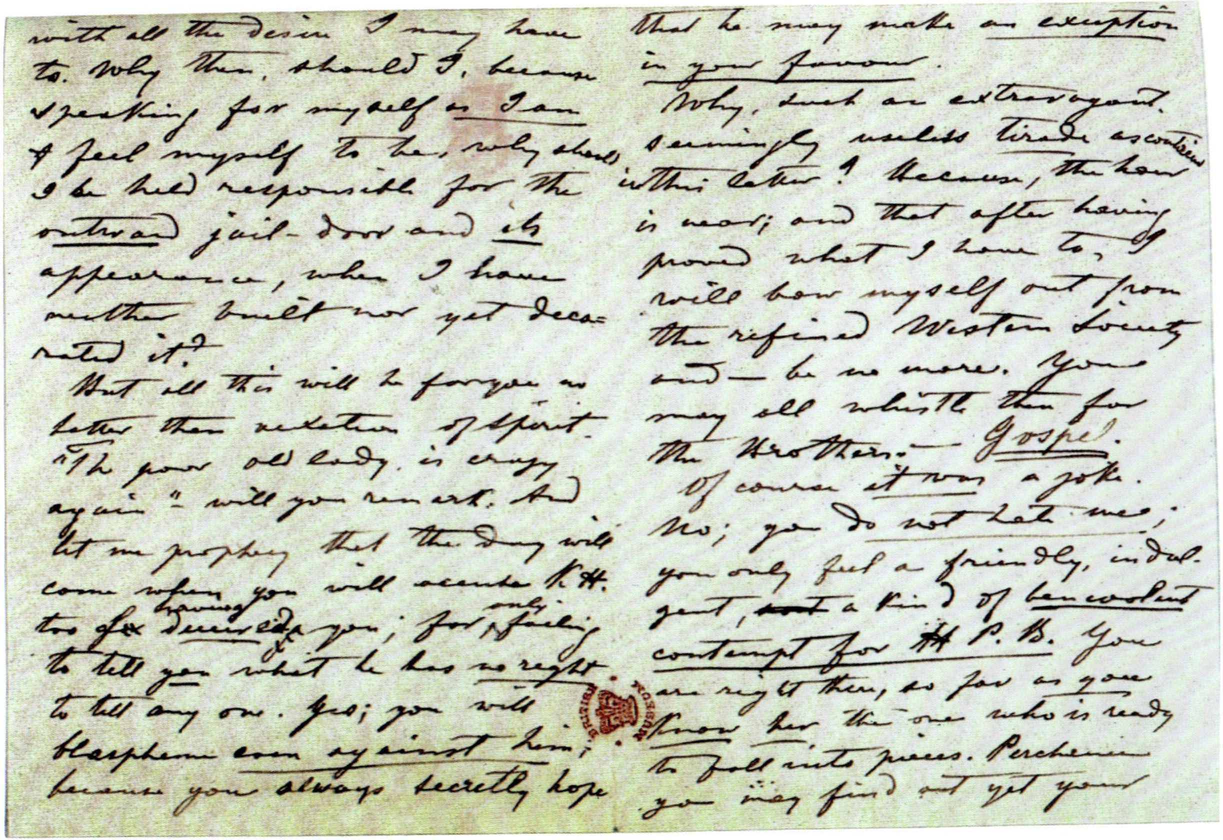

with all the desire I may have
to. Why then, should I, because
speaking for myself as I am
& feel myself to be, why should
I be held responsible for the
outward jail-door and its
appearance, when I have
neither built nor yet deco-
rated it?
But all this will be forgiven as
better than retention of spirit.
"The poor old lady is crazy
again" will you remark. And
let me prophesy that the day will
come when you will accuse K.H.
too of having deceived you; for only failing
to tell you what he has no right
to tell any one. Yes; you will
blaspheme even against him;
because you always secretly hope
that he may make an exception
in your favour.
Why, such an extravagant,
seemingly useless tirade as contained
in this letter? Because, the hour
is near; and that after having
proved what I have to, I
will bow myself out from
the refined Western Society
and — be no more. You
may all whistle then for
the Brothers. — Gospel.
Of course it was a joke.
No; you do not hate me;
you only feel a friendly, indul-
gent, ~~not~~ a kind of benevolent
contempt for H.P.B. You
are right there, so far as you
know her the one who is ready
to fall into pieces. Perchance
you may find out yet your

Figura 21:
Carta 136, datada de 17 de março. caligrafia de H.P.B., escala aproximada 80%, vide p. 91.

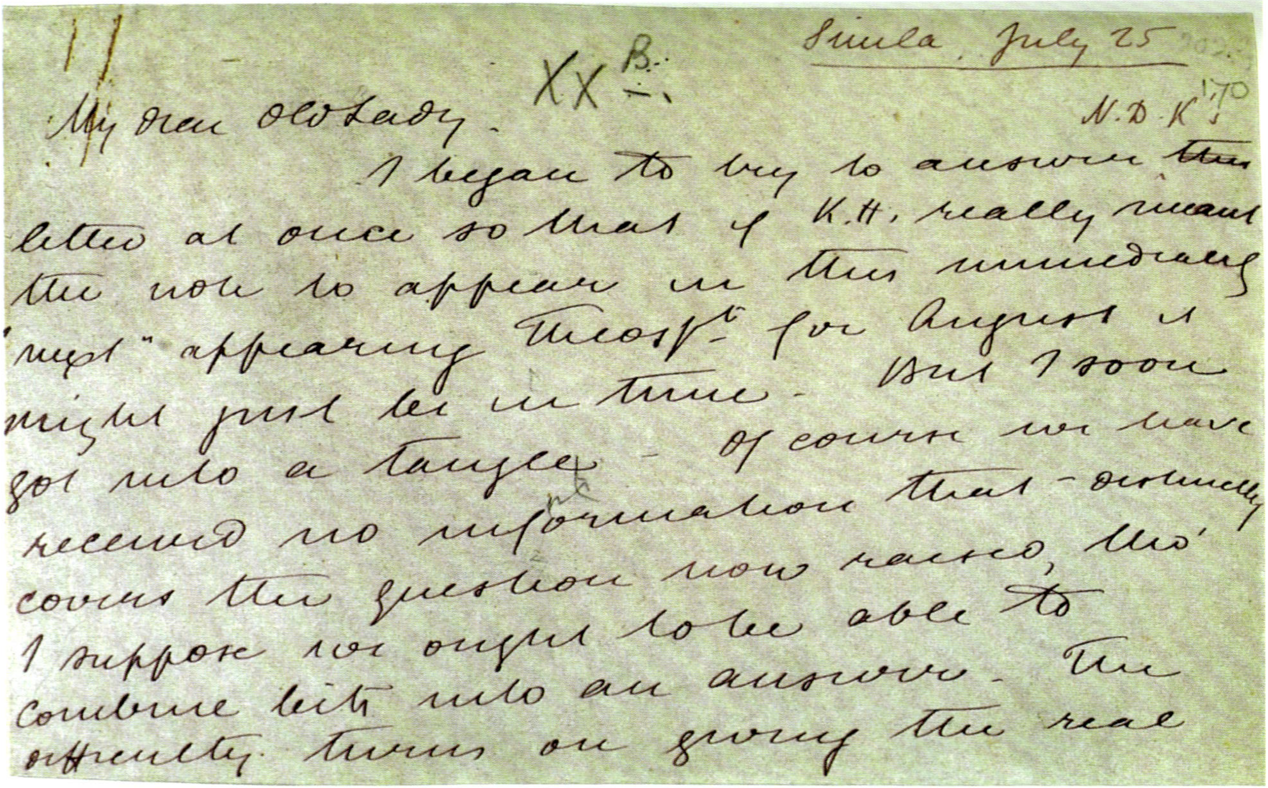

Simla, July 25

XX B.

My dear Old Lady. N.D.K. 170

I began to try to answer the letter at once so that if K.H. really meant the note to appear in this immediately "next" appearing Theosoph^t for August it might just be in time. But I soon got into a tangle. Of course we have received no information that directly covers the question now raised, tho' I suppose we ought to be able to combine bits into an answer. The difficulty turns on giving the real

Figura 22:
Carta 20b, recebida em agosto de 1882, caligrafia de Sinnett, 8¼" x 5¼" (escala 97%), vide p. 93.

Figura 12 Carta 1

Barker, p. 5 *Slide* nº. K36015

RECEBIDA em Simla no dia ou próximo do dia 15 de outubro de 1880.

DIA 0

Esta é uma página da primeira Carta que Sinnett recebeu em Simla no dia ou próximo do dia 15 de outubro de 1880 – identificada como a que foi referida no Relatório Hodgson como K.H. nº 1. A caligrafia é mais desordenada e um pouco mais difícil de ler do que as Cartas subsequentes de K.H. Existe uma diferença marcante de "sentimento"[36] em comparação com os manuscritos posteriores. As letras são menos arredondadas e regulares; mas as feições gerais e caracteres estáveis ali se encontram desde o princípio. Quanto às letras variáveis encontramos:

f Ele é feito somente com a curva inferior ou sem nenhuma curva.

g Este toma uma multiplicidade de formas. Na Figura 12 encontramos 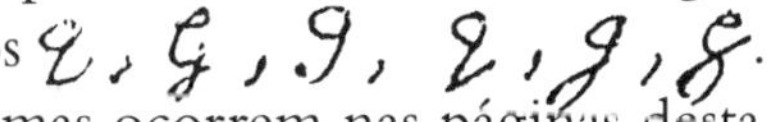. Algumas outras formas ocorrem nas páginas desta Carta que não são ilustradas. Veremos mais tarde que nenhuma destas formas é particularmente blavatskiana com exceção de  e . Longe de ser exclusivamente blavatskiana, a primeira dessas é suficientemente comum, e a segunda é de linhagem antiga, sendo comum na caligrafia da Secretária Elizabeteana.

[36] *Feel*, no original. (N.T.)

y Esse ocorre nas formas . O segundo desses é a forma blavatskiana, mas não há nada incomum sobre ele.

Deveria ser mencionado neste contexto que são frequentes os casos em que um escritor produz a mesma letra em duas ou mais formas distintas, aparentemente ao acaso. Muitos escritores fazem a letra *e* nas formas  e , e *d* nas formas  e : e as alternativas podem ser encontradas na mesma página ou mesmo na mesma palavra.

Figura 13 Carta 2

Barker, p. 8 *Slide* nº. K36023

Recebida em Simla em 19 de outubro de 1880.

DIA 4

Essa chegou só quatro dias depois da Carta 1, e já apresenta uma caligrafia mais elegante. Encontramos:

f aparece ou somente com a curva inferior ou com ambas as curvas.

g A forma 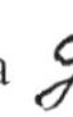 é preferida ao longo do extrato.

y  e  ainda são preferidas, mas  e  aparecem.

Figura 14 — Carta 3c
Barker, p. 11 — *Slide* nº. K36034
Recebida cerca de 20 de outubro de 1880.

DIA 5

f aparece somente com a curva inferior ou com ambas as curvas.

g As formas  e  aparecem.

y A forma  é preferida, mas também temos ,  e .

Figura 15 — Carta 4
Barker, p. 16-17 — *Slide* nº. K36050
Datada de 29 de outubro de 1880.

DIA 14

f aparece somente com a curva *superior*

g *toma as formas* 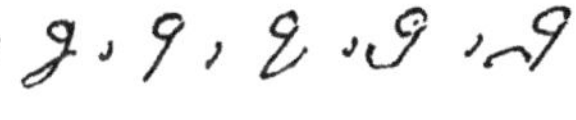

y  e  são preferidas, mas  agora aparece pela primeira vez.

Assim, *num período de duas semanas*, estamos bem perto da caligrafia inteiramente "desenvolvida" de K.H.

Figura 2, Parte 1
Datada de 1 de novembro de 1880.

Essa faz parte de K.H. (i) em Hodgson de uma carta para o Sr. A. O. Hume. Ela não se encontra em Barker, nem na coleção da Biblioteca Britânica. A ilustração é somente um "fac-símile" do original, mas mostra claramente que:

f encontra-se somente com a curva superior.

g toma as formas  e .

y prefere as formas  e , mas  e  aparecem.

Essa é a forma quase final da caligrafia, datada *de somente quinze dias* após a chegada da Carta 1. Isso foi tirado do próprio Relatório Hodgson. Temos aqui os propalados "anos de prática" de H.P.B.

Será que Gurney, Myers & Co., e as gerações que os seguiram, *jamais* estudaram de forma crítica o Relatório Hodgson?

Figura 16 — Carta 6
Barker, p. 24 — *Slide* nº. K36070
Recebida cerca de 10 de dezembro de 1880.

DIA 56

f aparece somente com a curva superior.

g  é preferida, mas 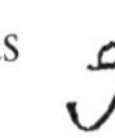 e  também são encontradas.

y As formas 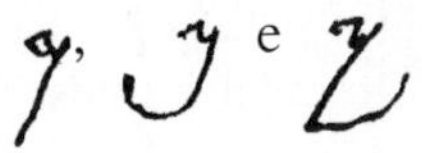 são encontradas.

Figura 17 — Carta 8
Barker, p. 26 — *Slide* nº. K36078
Recebida cerca de 20 de fevereiro de 1881.

DIA 107

f aparece somente com a curva superior ou com ambas as curvas.

g A forma  é usada quase que exclusivamente.

y As formas 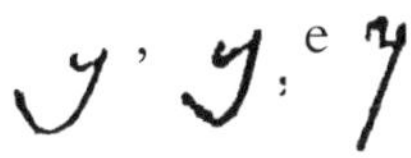 são encontradas.

Esse é um excelente exemplo da caligrafia de K.H. com as longas barras dos *t* s.

Concluo esta seção com um exemplo de uma carta posterior.

Figura 18 — Carta 25
Barker, p. 191-2 (2ª ed.), 189 (3ª ed.) — *Slide* nº. K36496
Recebida em 2 de fevereiro de 1883.

DIA 840

As barras dos *t*s são mais pronunciadas aqui do que na Carta 8, fora isso a caligrafia não difere dessa exceto em pontos de detalhe.

A transição da instabilidade na forma da caligrafia inicial de K.H. para a caligrafia estável é mais outra característica surpreendente destes escritos e a razão para isso não é clara; mas ela certamente não foi "gradual." Eu não encontro "numerosos e conspícuos traços da caligrafia da Sra. Blavatsky" em parte alguma. Tampouco é "manifesto" que "as peculiaridades da Sra. Blavatsky" foram eliminadas durante o processo de desenvolvimento gradual da caligrafia. Para sermos precisos, certo número de formas de *g* e *y* desapareceu após as primeiras semanas do recebimento dos manuscritos, mas essas não eram formas tipicamente blavatskianas.

Após a Carta 7, as variações na caligrafia de K.H. não são mais do que se poderia esperar do mesmo escritor usando diferentes canetas ou lápis, e em diferentes estados de disposição ou de saúde. As variações mais conspícuas nas últimas Cartas são na extensão das barras dos *t*s, que podem tornar-se grotescamente longas e estragar uma caligrafia que, fora isso, é elegante e legível.

Chegamos agora à Segunda Proposição Cardinal de Hodgson:

> Que formas especiais de letras próprias da caligrafia ordinária da Sra. Blavatsky, e não próprias da caligrafia de K.H., ocasionalmente aparecem nessa última.

Esta proposição não significa muita coisa. Hodgson refere-se vagamente a exemplos que ele encontrou nos documentos em sua posse, mas foi impossível para mim identificá-los, pois nenhum exemplo foi dado.

Existem muitas rasuras e correções nas Cartas, mas essas são o trabalho de um escritor que, pensando melhor sobre uma palavra ou frase, não quis reescrever toda a página e não tinha disponível um processador de texto. É possível encontrar muitos exemplos do que Hodgson chama "adições, novas formações, velamentos e rasuras" em minha própria caligrafia.

Hodgson declara na página 287 de seu relatório:

> A letra *e* na caligrafia ordinária da Sra. Blavatsky é feita uniformemente no tipo comum que nos é ensinado nos cadernos convencionais, mas quando ela começa uma palavra na caligrafia de K.H., ela é formada no mesmo tipo que o E maiúsculo na sua caligrafia ordinária. No entanto, nos primeiros documentos de K.H. existem muitos exemplos em que o *e* minúsculo inicial foi inicialmente bem formado na forma comum, e então transformado em outro tipo pela adição de uma segunda curva em cima; existem casos também em que a transformação nunca foi feita, e o *e* inicial do tipo ordinário ainda permanece.

Notei uns poucos exemplos desse tipo de alteração nos *slides*, mas tenho que dizer que o uso de ambos tipos de *e* é generalizado. *E* é a letra mais comum na língua inglesa; e o *e* permite menos variações do que a maioria das outras letras do alfabeto. Não há nada nesses *e*s em pauta que seja *especialmente característico* de H.P.B. Qual a justificativa para Hodgson atribuí-los à Sra. Blavatsky excluindo todas as outras pessoas? Eles poderiam ter sido feitos praticamente por qualquer um, incluindo K.H.

Hodgson faz muito alarde de um ou dois *x*s intrusos[37] que ele encontrou nos documentos em seu poder. Não me foi possível identificar esses documentos nos *slides*, mas um *x* intruso é encontrado na palavra "Quixottes" vista em K.H. (v) da Gravura 3 de seu Relatório. Essa forma é sugestiva do *x* de H.P.B., mas não posso dar muita importância a um exemplo isolado.

[37] *Rogue,* no original. Intruso no sentido de ser diferente, dissonante com os outros exemplos dessa letra. (N.T.)

K.H. poderia facilmente ter começado erroneamente o tipo de *x* elizabetano que ele normalmente usa e decidido que seria mais fácil e legível cruzar o *x* na forma blavatskiana a fim de completar a letra.

Hodgson aponta algumas semelhanças nas letras maiúsculas usadas por K.H. e H.P.B.; mas as semelhanças não são muito próximas e as formas usadas são suficientemente comuns. Não creio que elas sejam significativas.

A Terceira Proposição Cardinal de Hodgson é:

> Que existem certas peculiaridades marcantes da caligrafia ordinária da Sra. Blavatsky que ocorrem ao longo da caligrafia de K.H. - p. 283.

Reputo que essa proposição é demonstravelmente falsa; e como eu tratei desse ponto extensamente na Parte 1, não há necessidade de repetir o que eu já escrevi. Durante meu exame dos 1.323 *slides* coloridos, dediquei atenção especial àqueles que apresentavam espécimes da caligrafia de H.P.B. Não pude encontrar *nenhuma característica* de sua caligrafia que, se presente num manuscrito, poderia provar ser ela o autor sem sombra de dúvida. O que Hodgson chama de "movimento do vão esquerdo" é encontrado em outros escritores e é bem menos importante do que Hodgson acreditava ser.

Os Manuscritos de M.

Neste ponto torna-se conveniente descrever a série de Cartas de M. que Hodgson ignora. Existem vinte e seis destas na coleção da Biblioteca Britânica – menos do que as Cartas de K.H., porém mais do que suficiente para serem importantes.

As Cartas de M. diferem de forma marcante na caligrafia e no estilo literário das Cartas de K.H. e de H.P.B.; K.H. escreve um manuscrito individual que é, com exceção das primeiras Cartas, elegante, legível e fácil de reconhecer. Seu estilo é aristocrático, cortês, um tanto formal e reservado, discursivo e, às vezes, excessivamente extenso; mas ele não deixa de ter um toque de humor ocasional. A caligrafia de M. é bem diferente. Ele geralmente prefere tinta vermelha. Não gosta de escrever e diz isso. Ele é direto e breve, diz o que tem a dizer, e apõe sua assinatura. M. é mais prático do que K.H.; e o sorriso quando está escrevendo nunca está muito longe. Os manuscritos tanto de K.H. como de M. estão longe das erupções explosivas de H.P.B. que sugerem uma Estação Meteriológica avisando a aproximação do Furacão Helena.

Como poucos podem ter visto as Cartas de M., reproduzo uma amostra típica na Figura 19. Esta será suficiente, pois a caligrafia de M. não varia tanto como a caligrafia de K.H. em suas Cartas iniciais.

Figura 19 — Carta 29
Barker, p. 227-8 (2ª ed.), 225 (3ª ed.) — *Slide* nº. K36592
Sem data
Esta é a última página de uma longa carta.

Principais Características da Caligrafia de M.

Geral

A característica mais marcante da caligrafia de M. é a "irregularidade regular" das letras minúsculas. Algumas, como *r*, são sempre maiores do que a média, enquanto outras, especialmente o *e*, são menores do que a média. Portanto, é difícil estimar a altura média (A) do corpo das letras minúsculas. Elas não se encaixam perfeitamente entre duas linhas paralelas como os caracteres de K.H. Esse traço confere forte individualidade à caligrafia.

A inclinação da caligrafia é consistente e de cerca de 40° para frente em relação à vertical, bem maior do que nos manuscritos de K.H.

Apesar da variabilidade das letras minúsculas, elas geralmente seguem a linha base.

A caligrafia é feita de forma cuidadosa e fluente, mas nem todas as letras dentro de uma palavra estão conectadas.

A altura das maiúsculas é cerca de 2½ A.

As linhas são menos espaçadas do que na caligrafia de K.H. – cerca de 3A.

A pressão da caneta é constante de palavra em palavra.

Algumas letras características. As formas de algumas letras de interesse particular são:

a
d
h
M(inicial)
N(inicial)
p
r
s
ss
W(inicial)
x

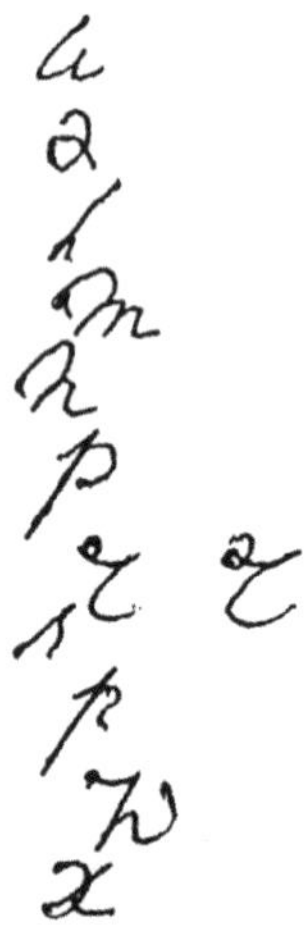

Além disso, *g* e *y* são muitas vezes desproporcionalmente pequenos.

A Caligrafia de H. P. Blavatsky

Examinarei agora extratos de duas cartas de H.P.B. preservadas na coleção da Biblioteca Britânica. Elas são:

Figura 20	Carta 134
Barker, p. 463 (2ª ed.), 456-7 (3ª ed.)	*Slide* nº. K37262
Datada de: 4, sexta-feira, de Dehra Dun	

Figura 21	Carta 136
Barker, p. 466 (2ª ed.), 458-9 (3ª ed.)	*Slide* nº. K37268
Datada de: 17 de março	

Principais Características da Caligrafia de H.P.B.

Geral

Existe uma energia poderosa relacionada com essa caligrafia. Ela é rápida, mas a maior parte legível, ainda que se tenha que depender do contexto mais do que nos manuscritos de K.H. e M. Existe considerável variação na pressão aplicada à caneta, e forte pressão para baixo é especialmente notada em letras como *d* e *p*. Isso pode ser observado mesmo nos *slides*. O efeito da pressão é completamente perdido nos fac-símiles da Gravura 2 de Hodgson, que com isso oferece uma impressão enganosa da caligrafia como um todo.

A inclinação da caligrafia é de cerca de 45° para a di-

reita da vertical. Em algumas ocasiões ela alcança 50º. O corpo das letras minúsculas é pequeno (às vezes parecendo que vai desaparecer) comparado com seu espaçamento.
Em comparação com a altura do corpo, os ascendentes e descendentes das letras minúsculas são longos. Descendentes podem alcançar 6A, descendentes 4A. A altura das maiúsculas é estimada em cerca de 3A e a distância entre linhas em 3A.

Algumas letras características. Algumas que merecem consideração:

b
d
g
h
m
n
p
x

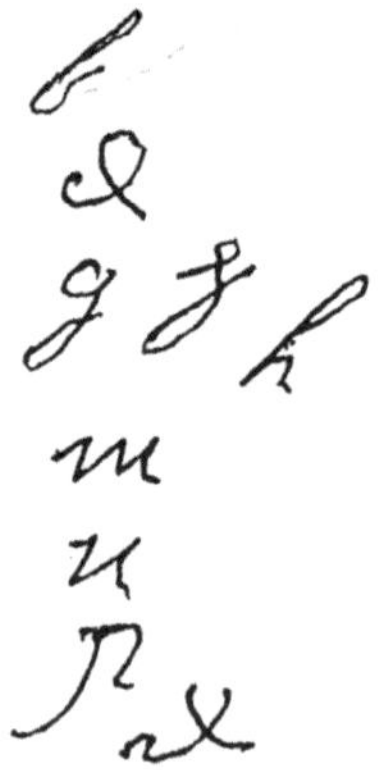

Vide também tabela de comparação de formação de letras mais adiante.

Comparação dos manuscritos de K.H., M. e H.P.B. Não encontro nenhuma evidência de autoria comum dos manuscritos de K.H., M. e H.P.B. A comparação de seus traços gerais, que Hodgson ignorou, bem como a construção detalhada das letras individuais, mostra que essas são três caligrafias diferentes. Eu as atribuo a escritores diferentes.

A Caligrafia de A. P. Sinnett

Em seus esforços para implicar H.P.B. parece que nunca ocorreu a Hodgson que deveriam ser examinadas a caligrafia de outros suspeitos possíveis antes de concluir. Um suspeito possível é o próprio A. P. Sinnett. Seus dois livros, *O Mundo Oculto* e *Budismo Esotérico*, tornaram-se *best sellers*, e poderia ser argumentado que ele forjou as Cartas dos Mahatmas para oferecer uma autoridade espúria ao seu trabalho. Essa hipótese é, sem dúvida, um motivo mais plausível do que a sugestão de Hodgson de que H.P.B. forjou as Cartas para fomentar insurreição na Índia britânica.

A caligrafia de Sinnett foi mostrada na Figura 22, e seus particulares são:

Figura 22	Carta 20b
Barker, p. 125 (2ª ed.), 121-2 (3ª ed.)	*Slide* nº. K36266
Datada de: Simla, 25 de julho.	
Recebida: agosto de 1882.	

Se compararmos a caligrafia de Sinnett na Figura 22 com a caligrafia de K.H. na Figura 17, veremos que existem numerosas semelhanças. A caligrafia de Sinnett é mais angular do que a de K.H e é mais esticada na direção horizontal. No entanto, ela é muito mais próxima em estilo da de K.H. do que a de H.P.B.

Principais Características da Caligrafia de Sinnett

Geral

A inclinação é de cerca de 30° da vertical, para frente.

A altura do corpo das letras minúsculas (A) é bastante uniforme.

Os ascendentes elevam-se cerca de 1¾ A acima da linha de base e os descendentes mergulham cerca de 2A abaixo da linha de base. Eles são menos proeminentes do que na caligrafia de K.H.

A altura das maiúsculas é cerca de 2A.

O espaço entre linhas é cerca de 3A e o espaço entre palavras é aproximadamente o mesmo.

Essas medidas aproximadas e o "sentimento" geral da caligrafia são suficientes para mostrar que poderia ter sido muito mais fácil para Sinnett adaptar sua caligrafia ao estilo de K.H. do que teria sido o caso para H.P.B.

Comparação de Letras Individuais com as de K.H. Compare o seguinte:

Letra	*Caligrafia de K.H. (Fig. 14)*		*Caligrafia de A.P.S. (Fig. 22)*
c	(linha 5)	received	(linha 3) once
	(linha 7)	currents	(linha 9) covers
d	(linha 8)	dear	(linha 8) transposed
g	(linha 3)	receiving	(linha 2) began
th	(linha 14)	there	(linha 4) this
n	(linha 3)	not	(linha 3) once
			(linha 7) tangle

p	(linha 4)	reply	(linha 4) appear
	(linha 8)	production	
x	(Fig. 15, linha 18)	expressing	(linha 5) next

Aceitando essas semelhanças, rejeitando todas as diferenças e investindo na letra *p* a importância dada por Hodgson ao "movimento do vão da esquerda," eu poderia acusar a Sinnett de ser o autor das Cartas dos Mahatmas. Essa é uma ilustração da importância de observar a caligrafia do maior número possível de suspeitos antes de emitir um julgamento. Hodgson jamais considerou nenhum outro suspeito a não ser H.P.B.

Porém, Sinnett pode descansar em paz. Sua caligrafia não é a mesma que a de K.H., apesar das semelhanças.

Tabela de Comparação da Formação das Letras
Encontradas nos Manuscritos de K.H., M., H.P.B. e A.P.S.

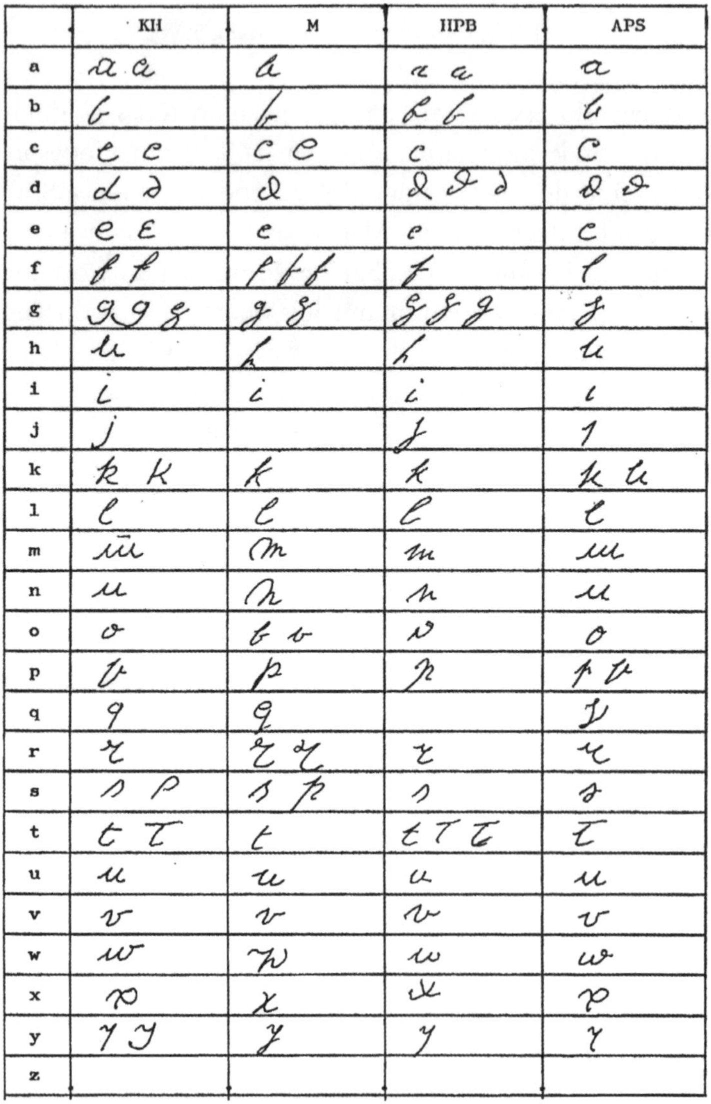

Devemos ter sempre em mente que a caligrafia como um todo, bem como a formação de letras individuais, é importante quando julgamos um material escrito.

Erros de Grafia, Separação de Palavras e Estrutura

Nas páginas 306 e 307 de seu relatório, Hodgson procura reforçar seu caso citando erros de grafia, gramática, estilo e separação de palavras encontrados nas páginas de K.H. e de H.P.B. Essa seção não me convence em absoluto. O máximo que esses erros mostram é que os dois escritores não eram inteiramente familiarizados com a língua inglesa. Nós já sabíamos disso. Como esses erros são comuns e generalizados, o que eles não demonstram é a identidade de K.H. e H.P.B.

Existem poucos aspectos da arte da escrita que os autores conhecem menos do que as regras para a separação de palavras ao final das linhas. Regras elaboradas para a separação de palavras são encontradas no preâmbulo do *Webster's New International Dictionary* de 1928, mas eu nunca consigo me lembrar quais são essas regras. Isso não me preocupa porque, se meu trabalho tem a intenção de ser publicado, a separação das palavras, se for necessária, será feita pelo editor ou um computador, não importa o que eu venha a escrever. Apontar os erros de separação de palavras indicados na página 306 do Relatório Hodgson como evidência da identidade de K.H. e H.P.B. é ridículo.

H.P.B. não começou a escrever em inglês até bem tarde em sua vida, e ela fez isso porque pensou que seu trabalho seria lido mais extensamente naquela língua. Ela precisou de ajuda no começo. Não é nenhuma surpresa que seus primeiros trabalhos em inglês mostrem uma influência francesa.

Não sei qual era a experiência linguística de H.P.B., mas ela mostra uma influência francesa. Como o francês era, e ainda é, uma língua internacional, isso não prova nada.

Hodgson nunca perde uma oportunidade para zombar do inglês de H.P.B. Poderíamos pensar, a partir de seus comentários, que tanto K.H. como H.P.B. escreveram num tipo de inglês primário e misturado.[38] Isso não é verdade. O estilo de K.H., ainda que um pouco formal, é geralmente bom, e seus lapsos ocasionais não são maiores do que a maioria de nós faz de tempos em tempos, na primeira versão de um documento. Ele mesmo fez muitas correções em suas Cartas em matéria de palavras e estilo.

Tendo lido as Cartas escritas à mão de K.H., no original não editado, julgo essa seção do Relatório Hodgson verdadeiramente deplorável. Ela ilustra argumento por insinuação.

[38] *Pidgin English*, no original. (N.T.)

Respostas a Críticas

Durante a preparação deste trabalho para publicação recebi comentários e críticas, e para respondê-las achei conveniente colocá-las em forma de um diálogo.

CRÍTICO: Se você procurar no *Folhas de um Velho Diário,* de Olcott, encontrará abundante evidência de que H.P.B. agia da maneira de um médium[39], colocado em estados de transe, etc. e que, acima de tudo, ela estava acostumada a escrever longas, realmente muito longas, passagens de forma muito diferente da sua caligrafia normal. Sendo assim, não vejo como você pode estabelecer a independência dos escritos de K.H., M. e H.P.B. simplesmente com base na análise de uns poucos espécimes da caligrafia "ordinária" de H.P.B.

---

[39] "Os teósofos afirmam a realidade da mediunidade, mas dão diferentes explicações dos fenômenos comparados às explicações dos próprios médiuns". THEOSOPHICAL ENCYCLOPEDIA. Quezon City. Theosophical Publishing House. 2006, p. 421.) Segundo Annie Besant, não se deve confundir a mediunidade passiva com entidades desencarnadas, com a inspiração recebida de um Mahatma: "É a elevação das faculdades humanas normais por alguma influência externa, através de um grau após outro de poder intelectual, moral e espiritual, até o ponto em que a influência externa pode até mesmo afastar o homem de seu corpo e usar este último para a expressão de outro indivíduo; quando o novo possuidor é um Ser de uma estatura que transcende inteiramente o homem, a inspiração pode transformar-se em revelação". (BESANT, Annie. *A Doutrina do Coração*. Brasília: Editora Teosófica, 1991, p. 103.)

VH: Primeiro, permita-me lembrá-lo de que toda a tese de Hodgson consistia em que H.P.B. era *uma fraudadora e impostora engenhosa, mas comum, não tendo absolutamente nenhum poder supernormal.* As Cartas de K.H., ele mantém, foram escritas de uma forma dissimulada de sua caligrafia ordinária, uma dissimulação adquirida deliberadamente pela prática ao longo de muitos anos. Escrever tais cartas com a intenção de enganar pode ser, e geralmente é, uma ofensa criminal. A escrita recebida automaticamente, em transe, em sonho, etc., sem que a personalidade consciente saiba até que ele ou ela leia (a mensagem), não envolve dissimulação e não é uma ofensa culposa ainda que possa ser considerada um caso para exame psiquiátrico. Existe um mundo de diferença aqui que você não levou em conta.

Segundo, os "poucos" espécimes da caligrafia "ordinária" de H.P.B. a que você se referiu são nove cartas preservadas na Biblioteca Britânica. Todas são originais, e não cópias ou fac-símiles. Todas estão completas e assinadas ou rubricadas por H.P.B. Todas foram escritas razoavelmente perto no tempo ao período das Cartas dos Mahatmas. Todas são consistentes, tanto em caligrafia como em estilo literário. A Carta 138 tem mais de 4.000 palavras e é a carta de despedida de H.P.B., escrita *de profundis*, ao Sr. e Sra. Sinnett. Tenho toda razão para acreditar que tudo isso é um bom espécime de sua caligrafia ordinária normal daquele tempo, produzida por sua vontade consciente, caligrafia que ela usava para correspondência com amigos, versando sobre uma variedade de assuntos e dando instruções aos Coulombs.

Os manuscritos de K.H., M. e H.P.B. são bem diferentes, e se eles aparecessem em qualquer caso legal ordinário, eu certamente os atribuiria a diferentes pessoas. Se personalidades em transe são independentes de personalidades conscientes é outro caso.

Terceiro, se aceitamos o testemunho de Olcott como evidência de que H.P.B. podia escrever em estados alterados de consciência, aceitamos também seu testemunho adicional em *Folhas de um Velho Diário* (3ª ed. revista, 2:365-7) que, em resposta a uma solicitação feita intempestivamente, ela recebeu uma carta precipitada numa folha de papel em branco mantida entre suas mãos, de uma pessoa que ela não havia encontrado, numa caligrafia desconhecida dela? Aceitamos isso, e, caso contrário, por que não? Não vejo como você pode selecionar ou rejeitar evidência em benefício de seu argumento: nós não somos políticos. O testemunho de Olcott é de que H.P.B. possuía poderes psíquicos em abundância. Você não pode aceitar tanto Olcott como Hodgson.

Tenho a satisfação de lembrar que sempre que fui capaz de checar as declarações de Hodgson com base no testemunho direto dos documentos originais preservados para nós na Biblioteca Britânica, descobri que as declarações de Hodgson eram falsas; e já informei o porquê disso. Elas ainda seriam falsas mesmo se as Cartas dos Mahatmas tivessem sido escritas por Helena Petrovna Blavatsky ou Assur-bani-pal. Elas seriam falsas mesmo se as cartas tivessem sido escritas em consciência normal, em transe, dormindo, automaticamente ou em qualquer outro estado alterado de consciência. Essas falsidades não são triviais: elas indicam como mentira as três afirmações cardinais sobre as quais a tese de Hodgson sobre as Cartas dos Mahatmas se baseia.

CRÍTICO: Existe uma necessidade para que esses tipos de comparações sejam efetuados pelos especialistas que se presume não tenham preconceitos, que não saibam qual é a resposta "correta." Eu não acredito que ninguém, em qualquer campo da ciência, pode ser totalmente imune à influência de expectativas e esperanças prévias e acho que as metodologias de velamento duplo deveriam ser usadas sempre que possível.

VH: Se nos fosse solicitado julgar, pela audição da peça, se o concerto para piano "Sophie Menter" foi escrito, não por Sophie Menter, mas por Liszt e orquestrado por Tchaikowsky, eu iria concordar com você. Porém, no caso em pauta estamos classificando os contornos geométricos de certas cartas individuais por critérios capazes de definição em termos de geometria diferencial.

Se eu desse a você e a outros uma seleção de quinhentos triângulos sortidos e lhes pedisse para separá-los em equiláteros, isósceles, com ângulos retos e escalenos, contaria com considerável medida de acordo entre vocês. Mesmo a Tia Matilda obteria o mesmo resultado se lhe fosse dito o que deveria buscar.

No caso em pauta, estou lhe pedindo para classificar as formas geométricas de certas letras de acordo com características definíveis. Na letra *g* podemos notar se ela tem uma "cauda" ou termina num traço direto para baixo; se ela tem uma "cauda," esta é curvada para a esquerda ou para a direita? Forma uma curva aberta ou fechada? A largura da curva é maior ou menor do que sua altura? Em vez de uma curva suave, temos uma "cauda" construída de duas ou três curvas que se encontram formando pontos agudos (cúspide)? Ou temos toda a letra formada por uma curva contínua, sem quebras e sem mudanças bruscas de direção?

Se vários observadores fossem solicitados a classificar a letra *g* de acordo com esse esquema, eu não esperaria muita variação nos resultados, exceto nuns poucos casos limites. Se um observador trouxesse resultados consideravelmente diferentes dos outros, eu iria procurar saber o que ele estava fazendo de errado. Você não tem que aceitar a minha palavra nesse particular. Peço que examine os originais destas Cartas na Biblioteca Britânica, observando página por página em ordem cronológica e decidindo por observação direta se existe evidência de:

(a) um desenvolvimento *gradual* do estilo K.H. ao longo de um período de vários anos com a eliminação de formas blavatskianas (Hodgson), ou

(b) considerável variabilidade de forma em alguns caracteres nas primeiras poucas Cartas dos Mahatmas recebidas, uma variabilidade que foi em grande parte corrigida no curso das primeiras duas semanas sem nenhuma eliminação óbvia de formas blavatskianas (Harrison).

Quem está certo, Hodgson ou eu?

CRÍTICO: Estou certo em assumir que a questão central de seu estudo é que você procura demonstrar a partir de uma análise da caligrafia "ordinária" da Sra. Blavatsky que ela não poderia ser responsável pelas Cartas de K.H.?

VH: Não. A questão principal é que o Relatório Hodgson é um relatório RUIM que nunca deveria ter sido publicado, não importa qual o tema que ele possa ter abordado. Ele não é confiável. Se você perguntar: e isso tem alguma importância, depois de ter se passado mais de um século? Respondo que importa e muito. O Relatório Hodgson é ainda aceito por muitos compiladores de enciclopédias e dicionários como a última palavra sobre a Sra. Blavatsky.

CRÍTICO: Como é conhecido que H.P.B. escreveu extensamente em outros estilos que não o seu próprio, sua alegação central inevitavelmente entrará em colapso a menos que ou: (a) você possa encontrar espécimes dos outros escritos e analisá-los ou (b) você possa encontrar razões para negar que qualquer um, ou em virtude de prática ou em transe (não importa qual) possa desenvolver um estilo de caligrafia tão diferente de sua caligrafia normal que um especialista (se posso usar esse termo, já que você parece estar negando que existam tais pessoas!) não conseguiria detectar sua origem comum.

VH: Eu afirmo que como especialistas Hodgson, Netherclift e Sims deixam muito a desejar, e dei minhas razões para esta opinião. Existem bons especialistas disponíveis, e você pode encontrar os nomes e endereços de alguns deles atualmente praticando no Registro da Grã Bretanha de Testemunhas Especializadas (JS Publications, Newmarket, Suffolk).

A única maneira pela qual sabemos que H.P.B. escreveu extensamente com outras caligrafias é através do depoimento de testemunhas que Hodgson descartou como crédulas ou não confiáveis. A principal delas é Olcott. Se você aceitar a palavra de Olcott, torna-se claro que a caligrafia de H.P.B. em outros estilos era paranormal, não uma fraude ou impostura comum; e aí está um caso sobre H.P.B. que merece uma investigação séria.

Logicamente, é conceitualmente possível que H.P.B. poderia ter sido capaz de aperfeiçoar, por meio de muito esforço e prática, estilos de caligrafia e composição em que toda evidência de sua autoria seria perdida. Repito, porém, que *não há nenhuma evidência de origem comum* dos manuscritos de K.H., M. e H.P.B. e isto significa exatamente o que foi dito. Suspeitas e possibilidades remotas, hipotéticas e não substanciais não são *evidência*. Você não pode condenar uma pessoa por falsificação sem evidência concreta; e na Lei Inglesa uma pessoa é presumida inocente até que seja provada culpada. Um veredicto "não provado" não é permitido. Hodgson alegou evidência abundante de origem comum dos manuscritos de H.P.B. e de K.H., e eu ainda gostaria de saber quais são essas evidências.

Em todos aqueles problemas que afetam a vida real (e não são meramente diversões acadêmicas) temos que distinguir entre o que se pode conceber como possível, não importa quão improvável e artificial, e o que é, nas palavras clássicas de Eliza Doolittle, "inteiramente improvável."[40]

Lembre-se, por favor, de que existem Cartas que, como até mesmo Hodgson foi forçado a admitir, H.P.B. não poderia em hipótese alguma ter escrito, pois ela estava muito distante naquele momento e as comunicações eram precárias. Para evitar essa dificuldade, H.P.B. teria (de acordo com Hodgson) treinado Damodar, e talvez outros, a escrever com igual fluência no estilo de K.H. e a compor cartas apropriadas para ela quando ela estava viajando. Ela teria, além disso, que dominar a caligrafia muito diferente de M. e manter as diferenças distintas em estilo literário entre as Cartas de K.H. e de M. e também as suas próprias. Ela teria que ser capaz de compor Cartas de K.H. originais e consistentes de 16.000 palavras de uma vez, sem reverter de forma significativa ao seu estilo normal, em resposta a perguntas específicas sobre assuntos complicados.

E ela fez tudo isso (de acordo com Hodgson) para fomentar a discórdia contra o governo britânico na Índia.

Você realmente acredita nisso? Eu não.

[40] A expressão em inglês é uma gíria grosseira: "*not bloody likely*." (N.T.)

Opinião

Com base no Relatório Hodgson e da evidência primária que está disponível a mim, dou como minha OPINIÃO que:

1) O Relatório Hodgson não é um estudo científico. Ele se parece mais como parte de um inquérito judicial registrando somente a apresentação do advogado da Promotoria. Não há nenhuma apresentação do advogado da Defesa, nenhum exame cruzado das principais testemunhas da acusação, nenhuma solicitação por parte da Defesa de depoimento das testemunhas rejeitadas pela Promotoria, e nenhum resumo feito pelo Juiz.
2) Richard Hodgson era ignorante ou tinha desdém pelos princípios básicos da Justiça Inglesa. Nenhum tribunal aceitaria o seu depoimento.
3) Nos casos em que foi possível checar as declarações de Hodgson com o testemunho direto dos documentos originais, verificamos que suas declarações são falsas ou não têm nenhuma relevância no contexto. Isto se aplica em particular às *Três Declarações Cardinais* em que se baseia toda sua argumentação de que a Sra. Blavatsky escreveu as Cartas dos Mahatmas numa caligrafia modificada com fito de logro.
4) Tendo lido as Cartas dos Mahatmas em forma holográfica, fiquei com a forte impressão de que os escritores K.H.

e M. eram seres humanos reais e distintos. Eles tinham sua dose de preconceito e eram influenciados pelo ponto de vista de seu tempo.

5) Quem era K.H. eu não sei, mas sou da opinião de que todas as cartas na Biblioteca Britânica com as iniciais de K.H. originaram-se dele. As características básicas de sua caligrafia estão presentes do início ao fim, mas nas primeiras cartas em particular existem variações e distorções de alguns caracteres. Essas variações não são indicações de um aprendiz de falsário. Estou satisfeito que as Cartas dos Mahatmas não foram ditadas aos *chelas* que as escreveram com sua própria caligrafia. No entanto, foi declarado nas próprias cartas que muitas delas foram transmitidas na caligrafia de K.H. por *chelas* usando "precipitação" ou o que parece ser um processo de FAX humano. Se essa sugestão é plausível, pode ser que os *chelas* tenham tido dificuldade com o sistema inicialmente, que precisou ser "ajustado." A maior parte do "ajuste" deve ter sido efetuada nas primeiras duas semanas.

6) Chamo atenção para características curiosas e inexplicadas das cartas de K.H., ou seja, as estrias claras e regulares de alguns escritos aparentemente feitos com lápis azul (Fig. 11), a pequena quantidade de penetração de tinta mesmo quando era usado o papel de "arroz" fino, as características sem explicação das rasuras aparentemente feitas com erradicador de tinta, porém sem deixar manchas ou enrugar o papel, a variabilidade de alguns (mas não de todos) os caracteres e (em alguns casos) a barra dos *t*s excessivamente exagerada. Essas características sugerem que os documentos preservados na Biblioteca Britânica podem ser *cópias*, feitas por algum processo desconhecido, de originais que

nós não possuímos[41].

7) É quase certo que as cartas incriminadoras Blavatsky--Coulomb tenham sido perdidas ou destruídas, mas existe forte evidência circunstancial de que essas cartas eram falsificações feitas por Alexis e Emma Coulomb, que tinham fortes motivos e amplos meios para fazê-las.

9) Não encontrei nenhuma evidência de que as Cartas dos Mahatmas foram escritas por Helena Blavatsky consciente e deliberadamente numa forma dissimulada de sua própria caligrafia desenvolvida ao longo de um período de vários anos, como afirmado por Richard Hodgson. Isto é, não encontrei nenhuma evidência de uma origem comum entre os manuscritos de K.H., M. e H.P.B. Em qualquer caso legal ordinário eu iria considerá-los como manuscritos diferentes e atribuí-los a diferentes autores.

10) Se qualquer dos manuscritos de K.H. e M. vieram através das mãos da Sra. Blavatsky enquanto ela estava num estado de transe, sonho, ou outros estados alterados de consciência conhecidos dos psicólogos e psiquiatras, K.H. e M. poderiam ser considerados subpersonalidades de Helena Blavatsky. Até que ponto as subpersonalidades são independentes é uma questão para debate; mas nesse caso não haveria o envolvimento consciente de fraude ou impostura. Mas nem mesmo essa suposição supera a dificuldade de que houve cartas de K.H. que até mesmo Hodgson teve que admitir que a Sra. Blavatsky não poderia ter escrito, porque ela estava muito longe naquela ocasião e as comunicações eram muito deficientes.

11) Não tenho condições para expressar uma opinião[42] a respeito dos "fenômenos" descritos na primeira parte do

[41] Vide Prefácio.

[42] Vide Prefácio.

Relatório Hodgson. Todas as testemunhas e os itens de evidência primários já se foram, e não tenho nenhum meio de checar se qualquer um dos "fenômenos" relatados era genuíno; mas, tendo estudado os métodos de Hodgson, passei a não confiar em seu relato[43] e explicação dos assim chamados "fenômenos."

12) É sabido que H.P. Blavatsky era uma pessoa complexa e difícil de compreender. Ainda existem muitas questões não respondidas a respeito de sua vida e seu trabalho. No entanto, sou da opinião de que em qualquer avaliação futura dela, o "Relatório do Comitê Nomeado para Investigar Fenômenos em Conexão com a Sociedade Teosófica," publicado em 1885 pela Sociedade para Pesquisas Psíquicas, deveria ser usado com muita cautela, se não totalmente desconsiderado. Ele está eivado de falhas.[44]

PARA TESTEMUNHAR ISSO PREPAREI MEU DEPOIMENTO JURAMENTADO DATADO DO DIA 27 DE FEVEREIRO DE 1997, AGORA SOB A GUARDA DA SEDE INTERNACIONAL DA SOCIEDADE TEOSÓFICA, PASADENA, CALIFÓRNIA, ESTADOS UNIDOS, UMA CÓPIA DO QUAL FOI ENVIADA À SOCIEDADE PARA PESQUISAS PSÍQUICAS, LONDRES, INGLATERRA.

Vernon Harrison

[43] Vide Prefácio.

[44] Vide Prefácio.

DEPOIMENTO JURAMENTADO

(escala de 77%)

DEPOIMENTO JURAMENTADO

EU, VERNON GEORGE WENTWORTH HARRISON, de SOLE FARM HOUSE, 51 CHURCH ROAD, GREAT BOOKHAM, LEATHERHEAD, KT23, 3PQ no Condado de Surrey, Inglaterra, Bacharel em Ciência, Doutor em Filosofia, Licenciado como Físico e como Engenheiro, Membro do Instituto de Física, Membro Honorário e Antigo Presidente da Sociedade Real Fotográfica da Grã Bretanha, Membro da Instituição Licenciada de Engenheiros de Serviços de Construção, Membro da Sociedade Real de Artes e pelos últimos vinte anos examinador profissional de documentos questionados.

PRESTO JURAMENTO E DIGO

CONSIDERANDO QUE HELENA PETROVNA BLAVATSKY, nascida HAHN (1831 – 1891) - Fundadora da Sociedade Teosófica, foi denunciada em 1885 como 'uma das mais bem-sucedidas, engenhosas e interessantes impostoras na história' pelo RELATÓRIO DO COMITÊ NOMEADO PARA INVESTIGAR FENÔMENOS RELACIONADOS COM A SOCIEDADE TEOSÓFICA publicado pela Sociedade para Pesquisas Psíquicas em sua *Ata*, volume 3, páginas 201 – 400 (1885), cujo relatório é comumente chamado e é aqui referido como o Relatório Hodgson, já que a maior parte dele foi escrito por Richard Hodgson.

E CONSIDERANDO QUE o dito Relatório Hodgson tem sido por mais de um século amplamente aceito por biógrafos e compiladores de trabalhos de referência como prova de que

 Vernon Harrison.

a dita Helena Petrovna Blavatsky conscientemente se engajou em práticas fraudulentas numa escala impressionante.

E CONSIDERANDO QUE existe certa evidência primária relacionada a esse caso, isto é As Cartas dos Mahatmas a A. P. Sinnett preservadas na Biblioteca Britânica (Manuscritos Adicionais 45284, 45285 & 45286), com base nas quais algumas das afirmações feitas por Richard Hodgson no Relatório Hodgson podem ser examinadas criticamente.

E CONSIDERANDO QUE as referidas Cartas dos Mahatmas na Biblioteca Britânica incluem cartas holográficas dos seguintes autores:
'K.H.' (cento e oito); 'M' (vinte e seis); Helena Blavatsky (nove); Subba Row (três, uma com comentários adicionais de 'K.H.'); A.O. Hume (duas); A.P. Sinnett (duas); 'O Desherdado' (uma); Staiton Moses (uma); e Damodar (uma).

DECLARO, PORTANTO, que estudei o Relatório Hodgson como um documento legal e examinei as mencionadas Cartas dos Mahatmas, não somente nas holografias preservadas na Biblioteca Britânica, mas também em reproduções das mesmas preparadas e supridas pela Biblioteca Britânica na forma de um conjunto de 1323 *slides* coloridos. Examinei microscopicamente cada um dos 1323 *slides* como parte de um conjunto completo e, sempre que apropriado, li a escrita scaneada linha por linha com uma ampliação de x50 diâmetros.

DESCOBRI E AFIRMO que:

(1) O Relatório Hodgson não é um estudo científico. Ele se parece mais com uma parte de um inquérito judicial

 Vernon Harrison.

registrando somente a apresentação de um advogado da Promotoria que já havia se decidido nos estágios iniciais do inquérito e, a partir daí, só está interessado em evidência, não importa quão dúbia, que pode ser usada para apoiar seu caso. Não existe uma apresentação de um advogado da Defesa, nenhum exame cruzado das principais testemunhas da Acusação, nenhum chamado de volta das testemunhas da defesa rejeitadas pela Promotoria e nenhum resumo do Juiz.

(2) Richard Hodgson era ignorante ou tinha desdém pelos princípios básicos da justiça inglesa. Ele cita declarações verbais e não corroboradas de testemunhas não identificadas. Ele cita documentos que não são reproduzidos em seu Relatório nem são capazes de ser identificados. Ele oferece conjectura como fato estabelecido. Ele importuna seus especialistas em grafologia até que eles lhe deem a resposta que ele quer. A possibilidade de que alguma outra pessoa que não Helena Blavatsky poderia ter escrito as Cartas dos Mahatmas jamais foi considerada.

(3) Nos casos em que foi possível checar as afirmações de Hodgson com o testemunho direto dos documentos originais, verificamos que suas afirmações são falsas ou não têm nenhuma relevância com o contexto. Isso se aplica em particular às Três Declarações Cardinais nas quais se baseia toda sua alegação de que Helena Blavatsky escreveu as Cartas dos Mahatmas numa caligrafia disfarçada com a intenção de logro.

(4) Tendo lido as Cartas dos Mahatmas, fiquei com a forte impressão de que os escritores 'K.H.' e 'M.' eram seres

Vernon Harrison.

humanos reais e distintos,[45] não semideuses ou 'cascões.' Eles têm sua cota de preconceitos e são influenciados pelo ponto de vista de sua época.[46]

(5) Sou da opinião de que todas as cartas assinadas por 'K.H.' originaram-se dele. As características básicas de sua caligrafia persistem do princípio ao fim; mas, nas primeiras cartas em particular, existem variações e distorções de alguns dos caracteres. Essas variações não são o traço distinto de um aprendiz de falsário. Elas parecem ter sido introduzidas pelo método (desconhecido) de transmissão das Cartas.

(6) Chamo atenção para características curiosas e não explicadas da caligrafia das Cartas dos Mahatmas, que são: as estrias claras e regulares de alguns dos escritos aparentemente feitos com lápis azul; a pequena quantidade de penetração de tinta mesmo quando foi usado papel de 'arroz' fino; as características não explicadas das rasuras aparentemente feitas com erradicador de tinta, porém sem manchar ou enrugar o papel; a variabilidade de alguns (mas não todos) os caracteres; e (em alguns casos) as barras dos *ts* excessivamente exageradas. Essas características sugerem que os documentos preservados na Biblioteca Britânica podem ser <u>cópias</u>, feitas por algum processo de FAX desconhecido, cujos originais não possuímos. Trabalho de laboratório nesses manuscritos seria desejável.

(7) É quase certo que as <u>Cartas Blavatsky-Coulomb</u> incriminadoras, sobre as quais Hodgson deriva muitas inferências em seu relatório, foram perdidas ou des-

---

[45] Vide Prefácio.

[46] Vide Prefácio.

 Vernon Harrison.

truídas. Poucos as viram. Acesso a elas foi negado a Helena Blavatsky. Hodgson não apresenta ilustrações delas em seu relatório. Eu não fui capaz de localizar uma reprodução confiável ou mesmo um fac-símile de nenhuma delas. Existe forte evidência circunstancial de que aquelas cartas (ou ao menos as partes incriminadoras nelas) eram falsificações feitas por Alexis e Emma Coulomb que tinham tanto fortes motivos como amplos meios para fazer isso.

(8) Não encontrei nenhuma evidência de que as Cartas dos Mahatmas preservadas na Biblioteca Britânica foram escritas por Helena Blavatsky consciente e deliberadamente numa forma dissimulada com uma caligrafia cultivada ao longo de um período de vários anos, como alegado por Richard Hodgson. Isto quer dizer que não encontrei nenhuma evidência de origem comum entre os manuscritos de 'K.H.', 'M.' e 'H.P.B.' Em qualquer caso legal ordinário eu iria considerá-las como diferentes caligrafias e as atribuiria a três pessoas diferentes.

(9) Se qualquer um dos manuscritos de 'K.H.' e 'M.' vieram das mãos de Helena Blavatsky enquanto ela estava num estado de transe, sonho, personalidade múltipla ou outros estados de consciência alterados conhecidos dos psicólogos e psiquiatras, 'K.H.' e 'M.' poderiam ser considerados subpersonalidades de Helena Blavatsky. Até que ponto as supostas subpersonalidades são independentes é um assunto para debate; mas em nenhuma hipótese estaria envolvida fraude ou impostura consciente. Tampouco esta suposição evita a dificuldade da existência de cartas de 'K.H.' que até mesmo Richard Hodgson teve que ad-

 Vernon Harrison.

mitir que Helena Blavatsky não poderia ter escrito, pois ela estava muito longe naquele período e as comunicações eram precárias.

(10) Não sou capaz de expressar uma opinião sobre os 'fenômenos' descritos na primeira parte do relatório Hodgson. Todas as testemunhas e itens de evidência de primeira mão já se foram e não tenho nenhuma forma de checar se qualquer um dos 'fenômenos' relatados foi genuíno; mas, tendo estudado os métodos de Hodgson, passei a desconfiar de seu relato e explicação dos 'fenômenos' mencionados.

Os colaboradores e conhecidos de Helena Petrovna Blavatsky afirmam que ela era uma personalidade altamente complexa e difícil de compreender. Ainda existem muitas questões não respondidas relacionadas com sua vida e seu trabalho.

QUE SEJA CONHECIDO, PORTANTO, que é minha OPINIÃO profissional, derivada de um estudo deste caso por um período que se estende por mais de quinze anos, que futuros historiadores e biógrafos da referida Helena Petrovna Blavatsky, compiladores de livros de referência, enciclopédias e dicionários, bem como o público em geral, deveriam entender que O RELATÓRIO DO COMITÊ NOMEADO PARA INVESTIGAR OS FENÔMENOS RELACIONADOS COM A SOCIEDADE TEOSÓFICA, publicado em 1885 pela Sociedade para Pesquisas Psíquicas, deveria ser lido com grande cuidado, se não desconsiderado. Longe de ser um modelo de investigação imparcial como tantas vezes lhe foi atribuído por mais de um século, ele está eivado de falhas e não é confiável.

 Vernon Harrison.

É minha intenção entregar este Depoimento Juramentado para ser guardado pela Sede Internacional da Sociedade Teosófica, Pasadena, Califórnia, Estados Unidos e uma cópia autenticada para a Sociedade para Pesquisas Psíquicas, Londres, Inglaterra.

JURADO pelo referido VERNON GEORGE WENTWORTH HARRISON na The Georgian House, Swan Mews, High Street, Leatherhead, Surrey, Inglaterra, neste 27th dia de February de 1997.

Vernon Harrison.

Em minha presença,

J.M.H. Graham

J.M.H. GRAHAM

Um advogado legalmente capacitado para receber juramentos

J.M.H. GRAHAM
SOLICITOR
THE GEORGIAN HOUSE
SWAN MEWS, HIGH STREET
LEATHERHEAD, SURREY

A respeito do Autor

VERNON GEORGE WENTWORTH HARRISON nasceu em Sutton Coldfield, Warwickshire, Inglaterra (14.03.1912 - 14.10.2001). Seu pai era professor especializado em francês. Vernon foi educado na escola de Bishop Vesey, em Sutton, Coldfield, e na Universidade de Birmingham onde estudou física, química e matemática. Após a faculdade, ele passou três anos de estudo de pós-graduação e pesquisa no departamento de física. Nesse estudo, o uso de fotografia e fotomicrografia como meio de registro teve um papel importante.

Após obter seu Ph.D., ele trabalhou como pesquisador em física na Associação de Pesquisa de Impressão & Atividades Congêneres (PATRA) com laboratórios então localizados em Londres. Seu trabalho em PATRA mal tinha iniciado quando começou a guerra e ele foi colocado para trabalhar em atividades relacionadas com a guerra no Ministério de Suprimentos. PATRA perdeu todos seus arquivos e equipamento científico no último grande incêndio produzido por bombardeio em Londres, e somente em 1947 que a equipe pode mudar-se para novos laboratórios em Leatherhead, cerca de vinte milhas ao sul de Londres. Ali ele finalmente conseguiu começar a trabalhar nas propriedades óticas do papel, impressão colorida e na qualidade de reprodução em semitons. Em 1957, ele foi nomeado Diretor de Pesquisa de PATRA e tornou-se responsável pela administração de uma equipe que tinha então crescido para cerca de 120 pessoas.

Em 1967, transferiu-se para Thos. De La Rue & Co na função de Gerente de Pesquisa de seu centro de pesquisas localizado então em Maidenhead. De La Rue imprime notas bancárias (papel moeda), selos, certificados de ações, passaportes e outros tipos de documentos de segurança; e uma parte importante do trabalho do centro de pesquisa era estudar os métodos dos falsificadores e fraudadores, e desenvolver procedimentos para melhorar a segurança dos produtos da companhia.

O trabalho gerou um interesse em fraudes de material impresso e escrito em geral, de forma que quando se aposentou, em 1977, ele estava capacitado para estabelecer uma prática privada como examinador de documentos questionados. Sendo independente, ele pode trabalhar tanto para a acusação como para a defesa. Ele está habituado a prestar evidência no Tribunal e submeter-se a exame cruzado. Seu trabalho nos últimos anos abarcou uma ampla gama de assuntos desde documentos elizabetanos questionados até 'graffiti' nas paredes, testamentos duvidosos, acordos de hipoteca e documentos financeiros forjados, cartas anônimas e caluniosas, notas ameaçadoras, um caso de espionagem, exame de papel moeda forjada e placas de impressão ilícitas, identificação de papel de notas bancárias recuperado do esgoto e o valor de fotografias como evidência. Ele considera que este período foi o mais interessante e, talvez, o mais útil de sua vida.

Esteve interessado por toda sua vida em fotografia e de 1974 a 1976 foi o Presidente da Sociedade Fotográfica Real da Grã Bretanha. Ele também sempre se interessou pela música de Franz Liszt e é o cofundador sobrevivente e ex-Presidente da Sociedade de Liszt (inglesa).

O autor descreve a si mesmo como "estudando as equações de Schrodinger e Dirac através dos olhos de Francis Thompson."

Informações sobre Teosofia e o Caminho Espiritual podem ser obtidas na Sociedade Teosófica no Brasil, no seguinte endereço: SGAS - Quadra 603, Conj. E, s/nº - (61) 3226-0662, CEP 70200-630. Também podem ser feitos contatos ou pelo e-mail st@sociedadeteosofica.org.br - www.sociedadeteosofica.org.br

gráfika®
papel&cores

(61) 3344-3101
papelecores@gmail.com